O
poder
transformador
dos sentimentos
negativos

Dados Internacionais de Catalogação na Publicação (CIP)
(Câmara Brasileira do Livro, SP, Brasil)

Grün, Anselm
   O poder transformador dos sentimentos negativos / Anselm Grün, Bernd Deininger ; tradução Luiz de Lucca. – 1. ed. – Petrópolis, RJ : Vozes, 2021.

   Título original: Von der verwandelnden Kraft negativer Gefühle
   Bibliografia
   ISBN 978-65-5713-194-7

   1. Cristianismo 2. Emoções – Aspectos religiosos – Cristianismo 3. Espiritualidade – Cristianismo 4. Negatividade (Filosofia) 5. Sentimentos I. Deininger, Bernd. II. Título.

21-55793   CDD-248.4

Índices para catálogo sistemático:
1. Espiritualidade e mística : Cristianismo 248.4

Maria Alice Ferreira – Bibliotecária – CRB-8/7964

Anselm Grün | Bernd Deininger

O poder transformador dos sentimentos negativos

Tradução de Luiz de Lucca

Petrópolis

© 2018 Vier-Tuerme GmbH, 97359 Münsterschwarzach Abtei.

Tradução realizada a partir do original em alemão intitulado
Von der verwandelnden Kraft negativer Gefühle

Direitos de publicação em língua portuguesa – Brasil:
2021, Editora Vozes Ltda.
Rua Frei Luís, 100
25689-900 Petrópolis, RJ
www.vozes.com.br
Brasil

Todos os direitos reservados. Nenhuma parte desta obra poderá ser reproduzida
ou transmitida por qualquer forma e/ou quaisquer meios (eletrônico ou
mecânico, incluindo fotocópia e gravação) ou arquivada em qualquer sistema
ou banco de dados sem permissão escrita da editora.

CONSELHO EDITORIAL

Diretor
Gilberto Gonçalves Garcia

Editores
Aline dos Santos Carneiro
Edrian Josué Pasini
Marilac Loraine Oleniki
Welder Lancieri Marchini

Conselheiros
Francisco Morás
Ludovico Garmus
Teobaldo Heidemann
Volney J. Berkenbrock

Secretário executivo
João Batista Kreuch

Editoração: Maria da Conceição B. de Sousa
Diagramação: Raquel Nascimento
Revisão gráfica: Fernando Sergio Olivetti da Rocha
Capa: Renan Rivero
Ilustração de capa: Representação de Sete Pecados Capitais,
Hieronymus Bosch (1485).

ISBN 978-65-5713-194-7 (Brasil)
ISBN 978-3-7365-0134-8 (Alemanha)

Editado conforme o novo acordo ortográfico.

Este livro foi composto e impresso pela Editora Vozes Ltda.

Sumário

Introdução, 7

Inveja (*invidia*), 11

    Bernd Deininger, 11

    Anselm Grün, 20

Orgulho (*superbia*), 31

    Bernd Deininger, 31

    Anselm Grün, 42

Raiva (*ira*), 51

    Bernd Deininger, 51

    Anselm Grün, 60

Avareza (*avaritia*), 71

    Bernd Deininger, 71

    Anselm Grün, 84

Luxúria (*luxuria*), 91

    Bernd Deininger, 91

    Anselm Grün, 107

Gula (*gula*), 113

    Bernd Deininger, 113

    Anselm Grün, 125

Preguiça (*acedia*), 131

    Bernd Deininger, 131

    Anselm Grün, 146

Conclusão, 153

Bibliografia citada e não citada, 155

Introdução

Este livro aborda os chamados "sete pecados capitais", como a Igreja Católica há muito tempo os define. Mas a expressão é enganosa, pois, segundo a teologia católica, pecado capital é aquele pecado consciente, deliberado e grave. No entanto, o conceito, que vigora desde a Idade Média, é perigoso e ameaça a vida de muita gente ainda hoje.

É por isso que Bernd Deininger, como psicanalista, e eu, como monge, abordamos essas ameaças; um pelo lado psicológico e o outro pelo lado espiritual. O psicanalista frequentemente as vê como questões existenciais e falta de maturidade, naturalmente fora do viés dos pecados capitais; ele mostra como elas colocam em risco a humanidade e como podem causar doenças.

Eu, como monge, parto da tradição dos monges antigos. Nela encontramos um livro chamado *Os nove logismoi*, do Monge Evágrio Pôntico, que faz referência a pensamentos associados a emoções (*logismoi*); paixões com as quais lidamos e que devemos vencer. Evágrio não classifica os *logismoi*; ele sabia que eles têm poderes positivos que, no caso, os monges devem extrair, mas que, também, podem dominá-lo. Neste caso, esses *logismoi* se tornam demônios porque atuam como *patrões*, em vez de *servidores* dos monges, sendo que a luta com tais demônios era um fator básico da vida espiritual dos monges antigos. Eles não observavam os demônios como entidades pessoais estranhas e malignas – como costumamos vê-los em filmes e livros de ficção –, mas como paixões que deveriam ser vencidas. Eles não responsabilizam tais demônios por seus problemas – como muitos fazem hoje, procurando pessoas que possam exorcizá-los –, mas assumiam a responsabilidade pelos próprios pensamentos e paixões; assumiam a própria luta. Tendo em vista que para lutar com alguém ou algo é preciso identificá-lo, os monges classificavam esses demônios de *logismoi* (paixões). No entanto, não os consideravam obsessões, como se faz hoje, no sentido de responsabilizar outros seres pelo próprio estado mental.

Mais conhecida do que sua Doutrina dos nove *logismoi*, a Doutrina dos oito vícios é descrita por Evágrio em seu livro *Praktikos*. Nele, os *logismoi* são descritos como paixões e emoções, e não a vícios.

A palavra vício (*Laster* em alemão) significava originalmente "insulto, vergonha, culpa, erro, defeito". No século XVI seu significado passou a ser "pecado comum, hábito vergonhoso e repreensível", o que distoa com o que Evágrio descreve em seu livro *Praktikos*. Para ele, o importante não é o ser humano trazer em si os *logismoi*, mas como ele os trata e domina. Nos *logismoi* – ou seja, nas paixões – há uma força, um poder que deve ser usado pelo monge. O objetivo dessa luta é a libertação do apego patológico aos *pathe*; isto é, às paixões. Trata-se, portanto, de um comando interno para a purificação das emoções que atormentam o pensamento.

Mais tarde, os ensinamentos ascéticos de Evágrio foram reinterpretados como a Doutrina dos sete pecados capitais, o que soa muito mais dogmático do que a descrição mais psicológica dos *logismoi*. Evágrio simplesmente observa os pensamentos e as emoções que surgem na alma: "Se alguém quiser conhecer seus demônios e se familiarizar com suas manias, eu o aconselho a observar seus pensamentos, prestando atenção à sua intensidade e diminuição; quando surgem e cessam; à sua diversidade e frequência;

àquilo que os causam, substituem ou mantêm. Depois disso, pedir a Cristo que lhe explique tudo isso" (PONTICUS, 1986: 50). John Eudes Bamberger, abade trapista e psicanalista, interpreta essa observação da seguinte forma: "Os termos citados acima, exceto a referência aos demônios, podem servir como indicação prática àqueles que trabalham com psicologia clínica. São abordagens dinâmicas da psicanálise, enfatizando a observação cuidadosa dos pensamentos mais secretos e automáticos, a forma como surgem e desaparecem, o que os conecta e como interagem entre si" (In: PONTICUS, 1986: 32s.).

Neste livro analisamos os sete pecados capitais a partir de Evágrio, um homem em perigo e sob a ameaça das paixões que querem dominá-lo. Mas também vendo nelas uma força que não deverá ser suprimida; devemos "tirar delas e dar a elas, de modo que se tornem mais confiáveis", já dizia um monge antigo. É nesse sentido que observaremos os sete pecados capitais.

Primeiramente, Bernd Deininger descreverá a questão à luz da psicanálise, citando estudos de caso para demonstrar como ela poderá ser abordada, transformando sua força negativa em poder que dá vida. Em seguida, farei uma abordagem sob o viés espiritual.

O tema dos sete pecados capitais é tão emocionante que chegou a ser destacado nas artes. A título de exemplo, cito uma sequência de oito litografias de Alfred Kubin (1914), uma série de 16 folhas de Marc Chagall (1925) e uma obra de Otto Dix (1933). Na primeira metade do século XX era considerado tema atualíssimo, pois os artistas sentiam que os sete pecados capitais ameaçavam a vida em sociedade. Ultimamente ocorreram várias exposições dessas obras, desde Dürer até Naumann. Destaco o quadro *Os sete pecados capitais*, de Hieronymus Bosch, pintado em 1505 em forma de mesa. Para cada pecado Bosch fez uso de símbolos e associações vinculados aos pecados capitais a partir da Idade Média.

Anselm Grün

Inveja (*invidia*)

Bernd Deininger

Sem dúvida, a inveja desempenha um papel importante em nossa vida e se manifesta de formas diferentes em nosso cotidiano; às vezes mais, às vezes menos. Especialmente em relacionamentos mais próximos, como nos contatos com amigos, familiares, vizinhos e colegas de trabalho, a inveja pode ganhar maior proporção em nós, não obstante nosso esforço de impedi-la.

Principalmente quando não nos sentimos respeitados e observados pelos outros, e de acordo com o nosso mundo emocional, poderá surgir em nós um sentimento de vergonha, ameaçando e nos derrubando existencialmente. Essa vergonha poderá causar uma dor interior insuportável, geradora de inveja, ciúme e ressentimento. A sensação de não sermos amados e percebidos poderá se tornar uma humilhação tão avassaladora, que ficaremos incapacitados de nos livrar dela. Se desenvolvermos um grau de humilhação e de vergonha muito aprofundado, desencadearemos um desejo de vingança tão intenso a ponto de querermos exterminar o outro e destruir tudo o que ele possua.

O sentimento constante de negação, inferioridade e insuficiência gerado ao longo do desenvolvimento psíquico de uma pessoa – às vezes sob a influência de uma religião na qual tudo o que esteja relacionado ao prazer, à diversão e ao sexo deva ser censurado – é a base para o desenvolvimento da inveja.

Quem a sente tende a atribuí-la inconscientemente à ideia de que um outro tem mais, é mais eficiente e respeitado, mais reconhecido e amado. Ou seja, o invejoso se compara à pessoa que lhe parece mais bem-sucedida e, consequentemente, sente-se inferior, inútil e humilhado.

Em seu livro "Inveja e gratidão" (*Neid und Dankbarkeit*, 1957: 183) Melanie Klein diz: "A inveja é uma irritação furiosa de quem detesta ver outra pessoa possuir e aproveitar algo que deseja. O impulso do invejoso é privar o outro daquilo que ele tem, retirando-lhe ou minando a vantagem que deseja para si. Além disso, a inveja – ao contrário do ciúme – caracteriza-se pela duplicidade". Se a pessoa em desvantagem se dá conta de sua situação, a vergonha pela diferença percebida torna-se geradora de sua inveja. Então, ela desenvolve o impulso de corrigir essa diferença, considerando aquilo de que se sente privada e em desvantagem, mesmo com o risco de diminuir outra pessoa.

Outra forma de manifestação da inveja, diferentemente de querer *ter* o que o outro tem, é o desejo de *ser* como é o invejado. Inveja e ganância podem se esconder sob uma máscara de inocência, uma atitude falsa, não só diante dos outros, mas também para si mesmo; a pessoa *pensa* que de fato está sendo humilde. O sentimento de inveja pode induzir ao desejo de realizar algo admirável pelo outro, assumindo suas qualidades por conta própria, no intento – inconsciente ou não – de adquirir essas qualidades. Se o invejoso for bem-sucedido nisso ocorrerá, de fato, aumento de sua autoestima, mas também um surto de narcisismo.

Em termos de psicanálise, Sigmund Freud e Karl Abraham foram os primeiros a destacar os efeitos da inveja, e Freud abordou a questão com sua teoria da inveja do pênis. Em seus escritos, Karl Abraham (vol. 2, 1923: 15) diz que "O invejoso [...] não só mostra um desejo pela posse dos outros, mas, com esse desejo, combina impulsos maliciosos contra o objeto de sua atenção [...] como a inveja que muitas vezes o paciente tem do médico – a inveja de uma posição *superior* – e constantemente se compara a ele. Um paciente certa vez me disse que na psicanálise a atribuição de funções é muito injusta. Que ele tinha de fazer tudo sozinho, ir à terapia, fazer as associações por si mesmo e ainda pagar por isso. Por sinal, esse paciente costumava calcular a renda de todos os seus conhecidos".

Abraham também combinou inveja com agressão. Demonstrou por vários exemplos que a inveja desenvolve uma animosidade em relação à pessoa que possui algo desejado. Klein (1957: 176) vê na inveja – fazendo referência a Freud – um poder interior instintivo e destrutivo, vivenciado como medo de aniquilação.

Em outra vertente da psicanálise – a psicologia do ego – a inveja é vista como uma atitude complexa que faz parte do crescimento pessoal. Em vez de um instinto primário, ela é tomada como uma força motivadora secundária que contém aspectos positivos e que propicia o desenvolvimento da criança. Em particular, essa linha de pesquisa, baseada em Kohout, enfatiza a ligação do narcisismo com a autoestima. Para que se desenvolva o sentimento de inveja deve haver predisposição para a diferenciação de si mesmo e do outro, e isso já é possível em crianças com cerca de um 1 ano e meio.

Nos tratamentos psicanalíticos a inveja geralmente ocorre quando o paciente se sente dependente de um elemento mais forte; por exemplo, o próprio terapeuta. Nesse caso, a questão é ele aceitar a existência independente do outro, suas boas e más qualidades e seus relacionamentos com outras pessoas. Assim, torna-se nítida a diferenciação entre ele e o *elemento forte* que inspirava inveja. Nas terapias, esta se manifesta pela incapacidade de o paciente aceitar ajuda e ser grato, e geralmente se sente culpado quando se dá conta de sua inveja.

A sensação de inveja tem a ver com a tendência ao sentimento de culpa e à vergonha, o que é frequentemente associado à dor que, na história de vida da pessoa, por vezes não havia possibilidade de compensá-la. Portanto, se alguém consegue reconhecer as diferenças entre si e os outros, se a empatia com os outros se torna possível, a inveja pode ser dominada e a gratidão desenvolvida como um contrapeso à inveja.

Com o reconhecimento da culpa e da vergonha, o desejo de amar e o medo do amor costumam se conectar. O medo do amor é uma força poderosa que se amplia em detalhes e estimula a busca de poder e posse, o desejo de ter em vez de ser, de poder em vez de relacionamento. No mundo de hoje, em relação ao indivíduo e à sociedade, pode-se dizer: o medo do amor – e, portanto, de um relacionamento profundo e íntimo – muitas vezes parece prevalecer sobre o amor e o reconhecimento do outro. Esse medo é uma força elementar que molda a vida social em grande medida. A esse respeito, seria essencialmente importante que o amor pudesse ser vivido sem medo e, assim, seriam bem-estabelecidas relações do tipo "eu e você". Eis aí uma forma de superar a inveja: esse amor pode se transformar em algo divino dentro de nós, levando-nos a um senso de vida mais maduro.

Passo a citar um caso de tratamento psicanalítico, em termos teóricos e práticos: Sra. A. recorreu a um tratamento para resolver um problema psicossomático que a fizera sofrer por muitos anos de depressão e insônia, tendo piorado significativamente nos últimos dois anos, antes de iniciar o tratamento. Os principais sintomas eram instabilidade emocional, ataques de pânico, distúrbios e deficiências de movimento. Os problemas ocorriam em fases e às vezes as crises eram tão violentas, que ela se enfurnava em seu quarto, não conseguindo sair de casa.

A sobrecarga gerou efeitos extremos e, por fim, o motivo de procurar a terapia foi um distúrbio do olfato. Às vezes, em presença de outras pessoas, ela começava a sentir náuseas tão insuportáveis, que precisava sair do recinto para vomitar. Isso a envergonhava muito, especialmente entre mulheres que ela admirava e considerava atraentes.

Sra. A. relatou que cresceu em relacionamentos familiares superficialmente ordenados. Seu pai era reservado, afetuoso e submisso à sua mãe, mas ela, filha, tinha um bom relacionamento com ele. Porém, quando havia situações de conflito com a mãe, ele nunca a defendia; pelo contrário, apoiava disfarçadamente sua esposa. Esta era uma mulher muito dominadora, categórica e decisiva, e ele satisfazia todos os seus desejos, jamais assumindo sua própria posição.

Cerca de 1 ano antes de seu nascimento, o irmão mais velho, de 4 anos, morreu. Os avós maternos estavam passeando com o menino, de bicicleta. No final do parque havia uma estrada, e, embora os avós pedissem que os esperasse, ele seguiu até a estrada, sendo atropelado e morto por um carro em alta velocidade. A morte do neto foi tão dilacerante para os avós, que eles não puderam aguentar. Presumivelmente, eles foram responsabilizados pela filha por aquela morte. Sra. A. soube que havia uma enorme tensão entre sua mãe e os pais dela. Pouco tempo depois eles cometeram suicídio, causando na filha tamanha culpa, que ela chegou a tentar suicídio com pílulas para dormir, quando estava grávida dela. Ela foi encontrada inconsciente pelo marido, que precisou hospitalizá-la.

Durante a infância de Sra. A., ela e sua mãe iam regularmente ao cemitério para visitar os túmulos do irmão e dos avós. Nessas ocasiões sua mãe chorava desmediamente, e só mais tarde, já em idade escolar, soube do acidente e da morte dos avós; mas o fato do suicídio só foi mencionado quando já era adulta.

Sua família morava num pequeno espaço no subsolo de uma casa grande, num bairro nobre. Muitas vezes, Sra. A. se sentia excluída por não ser convidada para festas de aniversário dos colegas da escola, por ser uma menina pobre. Ela relatou-me que muitas vezes se envergonhava de suas roupas surradas, sendo que esse sentimento de vergonha a acompanhou durante toda a sua vida escolar.

Seus pais eram engajados na Igreja, e ela passou a frequentá-la com o pai; mais tarde passou a pertencer ao grupo de jovens daquela Igreja. Na escola, tentou anular a imagem de "criança pobre" mediante boas atuações, o que significava que continuava sendo excluída. No ensino médio, sempre assumia o tipo *nerd* adaptado". Depois, fez curso de letras e de religião, tornando-se professora no ensino médio.

Quando frequentava o ensino médio, teve vários relacionamentos de curta duração, nunca chegando a contatos mais íntimos; os rapazes sempre a deixavam depois de alguns meses. Por conta de sua postura religiosa, ela não imaginava o exercício da sexualidade antes do casamento. Mas por não ter conhecido uma pessoa que a aceitasse, ela acabou ficando sozinha.

Sempre foi pessoa atuante em sua paróquia. Os homens que conhecia não passavam de amigos; já com as mulheres, tinha dificuldades de fazer amizade, principalmente quando elas tinham namorado, eram casadas ou tinham filhos. Isso era insuportável para ela. No início da terapia Sra. A. tinha quase 40 anos, idade aparentemente impossível para a formação de uma família.

Sua família de origem foi marcada emocionalmente pela morte de seu irmão e pelo suicídio de seus avós. Desde pequena, sua mãe lhe dissera que ela apenas havia nascido como "substituta do irmão e que, na verdade, sua individualidade não contava muito". Mais tarde percebeu que depois de seu nascimento seus pais aparentemente deixaram de ter contatos sexuais, pois tem lembrança de que seu pai dormia no quarto e sua mãe dormia com ela em um sofá-cama na sala de estar.

Sra. A. tinha um relacionamento ambivalente com a mãe. Por um lado, queria provar a esta que era bom que ela existisse. Assim, satisfazia todos os desejos da mãe em relação a ela, sempre a apoiando e chegando a escolher a profissão que sua genitora desejava para si – dizia que gostaria de ter estudado depois da guerra e de se tornar professora. Ao mesmo tempo, Sra. A. odiava sua mãe. Muitas vezes, durante sua infância e adolescência, desejou que sua mãe morresse para que pudesse ficar apenas com seu pai. Desde pequena, nutria a sensação de que seria melhor do que a mãe para o seu pai e que levaria uma vida agradável com ele. Mas ele nunca foi um pai presente; nos conflitos familiares ela sempre se sentiu como o "terceiro elemento", a "peça descartada". Em suas fantasias, Sra. A. excluía a mãe. Também tinha inveja das outras crianças da mesma idade, em diferentes níveis. Sentia que tudo o que elas tinham era melhor e mais valioso do que aquilo que possuía. A princípio, foram as roupas, depois os contatos sociais e o sentimento de "fazer parte". Ela lembrava que a inveja não focava objetos, mas o fato de os outros estarem em relacionamentos que os preenchiam. Ela pôde experimentar isso devido à ausência de amizades e pela exclusão dos outros. Mesmo quando criança, especialmente no cemitério, ela passou a desenvolver sentimento de inveja do irmão, por receber tanta dedicação e atenção da mãe, mesmo depois de morto. Em função disso, muitas vezes se feriu propositalmente, simulando acidente (p. ex., cair da bicicleta) para receber carinho da mãe. Nutria igualmente que sua genitora a invejasse quando tivesse bons resultados na escola. Mais tarde, especialmente durante os estudos, Sra. A. passou a ter inveja das moças que, do seu ponto de vista, pareciam felizes.

O sentimento de inveja desempenhou um papel dominante em sua vida; por isso, ela se tornou uma pessoa envergonhada e desenvolveu muitos sentimentos de culpa a partir de sua perspectiva religiosa; culpa que estava relacionada ao sentimento de inveja que condenava em si mesma, mas que não podia ser dissipada. Quando passou a ter contato com as pessoas de sua Igreja, das quais se sentia inferior ou menos eficiente, também foi se tornando incomodada pela atenção delas recebida, que pensava ser decorrente de sua fraqueza. Sra. A. muitas imaginava sendo morta violentamente e tendo sua mãe ao lado de seu túmulo chorando, sentindo, assim, como se, na morte, estivesse alcançando a importância do irmão.

Em termos de psicologia do desenvolvimento, há três aspectos a serem identificados na questão dos conflitos na Sra. A.:

1) O conflito da autoestima; isto é, ela sente que deve sua existência e seu lugar no mundo ao irmão morto e que, portanto, não é aceita nem amada por si mesma. A partir disso desenvolveu um forte sentimento de vergonha por ocupar o lugar do outro. Eis por que ela depreciava outras pessoas, evitando aproximações e não encontrando alguém que pudesse se relacionar com ela.

2) Ela nunca foi capaz de descobrir o que queria, porque dependia inteiramente da mãe e apenas tentava satisfazer seus desejos dela.

3) Desenvolveu uma grande necessidade de controle sobre outras pessoas e de descobrir o que os outros pensavam dela, o que começava em constrangimentos e depois passava à ira, destruindo objetos em sua casa; isso, por sua vez, levava a sentimentos de culpa. A sensação de precisar controlar tudo acabou gerando inveja dos outros e do relacionamento deles.

Seu conflito atual, com agravamento dos sintomas, deve-se ao fato de ela ter um novo supervisor mais jovem do que ela e precisar se submeter a ele. Com isso, a sensação de ter que se submeter aos pais, especialmente à mãe, foi reativada. A inveja desse supervisor, cuja vida supostamente era mais vantajosa do que a dela, trouxe-lhe de volta sentimentos de vergonha e de culpa, que se fixaram nos sintomas depressivos.

Este caso deixa claro que, conforme Melanie Klein, a inveja não é um evento inato, mas adquido pela distinção entre o indivíduo e o mundo que o cerca. A sensação de que o irmão morto é preferido e que, por causa de seu destino, ele tem algo a lhe dar foi se solidificando no íntimo da Sra. A.

A ideia de que os outros são mais felizes – causando sofrimento e dor – já era percebida pelos teólogos do início da Idade

Média. A respeito disso há considerações nos escritos dos Santos Padres Basílio e Crisóstomo; este observa que a inveja ocorre principalmente entre pessoas próximas; para Basílio, a inveja surge quando a familiaridade prevalece. Para ele, a inveja é um mal incurável e só pode ser detida com a renúncia ao orgulho. Mas isso não foi possível no caso da Sra. A., pois ela havia experimentado uma considerável falta de afeto e, portanto, não teve a oportunidade de se amar. Ela sempre teve muito receio de que alguém pudesse perceber sua inveja, o que lhe causava uma sensação de extrema vergonha. Por isso, ela nunca poderia falar com alguém sobre o assunto, o que provavelmente a levou a evitar qualquer relacionamento.

Sempre foi insuportável e doloroso para a Sra. A. sentir que os outros tinham felicidade. Klein e Francis Bacon descreveram a inveja como uma condição básica e desagradável da convivência humana. No caso da Sra. A., porém, fica claro que a inveja não é uma característica básica do ser humano, e sim o efeito de uma privação narcísica que cresce em função da vergonha de nada ter a dar, não suportando ver alguém feliz.

Ao longo do processo terapêutico, a Sra. A. foi capaz de lidar com o estigma da vergonha e a inveja do irmão morto, o que lhe permitiu voltar-se mais para si mesma e descobrir o que queria na vida, criando, assim, um sentimento de felicidade. Como sua mãe morrera durante o tempo de terapia, agora Sra. A. poderia deixar seu emprego e viver conforme os seus verdadeiros interesses, associados à natureza e aos animais. Ela conseguiu comprar uma fazenda numa área pouco povoada, onde passou a conviver com animais e escrever livros infantis, com sucesso. Dois anos após o final da terapia ela conheceu um homem dez anos mais velho, com quem vive hoje.

* *

Anselm Grün

Hieronymus Bosch mostrou a inveja em sua pintura, já mencionada. Nela vemos uma cena de rua. Em primeiro plano, apesar dos dois ossos à sua frente, um cachorro está olhando para os ossos que um homem tem nas mãos. O homem, por sua vez, olha com inveja para o nobre, cujo criado leva consigo um saco de dinheiro. Nem o cachorro nem o homem estão em si mesmos, mas estão bisbilhotando o que os outros têm. O cachorro não pode aproveitar dos seus dois ossos; o homem não pode desfrutar do amor da esposa a seu lado, mas se fixa no nobre, que tem mais dinheiro; o nobre também não é feliz, pois sente inveja do homem, que tem uma esposa, enquanto ele tem que passar a vida sozinho, acompanhado apenas de um servo que não lhe dá segurança alguma, pois carrega seu dinheiro.

Outro quadro interessante sobre a inveja é *Der Lauf der Welt* ("O curso do mundo"), de Kaspar Meglinger. Ele criou a imagem por encomenda de um reitor de Beromünster, em 1606. Trata-se de um ciclo que representa a procissão triunfal da inveja, retratada como uma mulher feia e esquálida, com cabelo de serpente. Ela come seu próprio coração, e por isso *é sem coração*. A seu redor estão as consequências da inveja: sua filha é uma deusa da guerra – a inveja é a causa de muitas guerras. O cocheiro é o *Groll* (ressentimento), um homem sombrio que conduz os cavalos. Os cavalos estão equipados com uma cortina de línguas, que representam a calúnia típica da inveja. Um cavalo é chamado Roubo e o outro Calúnia, e são acompanhados por uma mulher com um fole. Esta é a Confusão (em latim: *perturbatio*). Ao lado dela está o *Unrast* (inquietação) com um relógio na mão. No primeiro plano da imagem está uma mulher que levanta o traseiro; ela é *Bosheit* (malícia). No fundo veem-se cenas bíblicas associadas à inveja: Caim e Abel; José e seus irmãos, que, por inveja, atiraram-lhe no poço; Salomé, que carrega a cabeça de João Batista; Saul, que tem inveja de Davi, porque ele tem mais sucesso e as pessoas gostam mais dele.

Olhando para essas imagens percebemos características básicas da inveja, bem como o aspecto do invejoso na época. Naquele tempo não se procuravam causas, como hoje faz a psicanálise. Essa visão é também típica dos primeiros monges, pois Evágrio apenas descreve as paixões e sugere maneiras de lidar com elas, mas não verifica as suas causas. Hoje sabemos que, observando a história da pessoa desde a infância, é possível deduzir as causas de sua inveja. Um olhar para o passado nos ajuda a não nos condenarmos quando somos atormentados pela inveja. Hoje queremos entender por que somos dessa maneira. Se nos entendermos teremos condições de nos apoiar, e essa é a condição para nos transformarmos, incluindo nossas emoções.

Porém, olhar para a infância, em determinadas situações, também pode nos impedir de lidar com nossas paixões e de reagir apropriadamente. Portanto, ambas as formas de ver as coisas são válidas: observar o passado para entender por que e como nos desenvolvemos e observar o presente para entender como a inveja funciona e como podemos lidar com ela.

A pintura de Kaspar Meglinger nos diz algo essencial sobre a natureza da inveja: o invejoso come seu próprio coração, perdendo, assim, a conexão com ele, tornando-se *sem coração*; ele prejudica a si mesmo. A pessoa invejosa é muitas vezes retratada como feia porque, no final das contas, odeia a si mesma, não está consigo mesma, tem que se comparar constantemente com os outros, não pode aproveitar a vida. Está correto o que certa vez disse Joseph Epstein a respeito da inveja: "Ela é o único pecado capital que em nada é divertido".

O invejoso se consome na inveja. Em alemão se diz: *Jemand wird gelb vor Neid* (fulano amarelece de inveja); ou seja, é esquálido, sem vida, consumido pela inveja e desfigurado.

Na pintura de Hieronymus Bosch, isso é nítido. A palavra latina *invidia* (inveja) vem de *invidere*, que significa ver negativamente, trazendo o mal por um olhar perverso. O ciúme é um atributo da inveja. Às vezes usamos os dois termos como sinônimos. Mas pode-se preferir definir a inveja como o desejo de algo que não temos. Temos inveja de uma pessoa de sucesso porque estamos sem sucesso. O ciúme, por sua vez, geralmente se volta a uma pessoa amada, com a qual pretendemos nos relacionar. Temos inveja de todas as pessoas a quem a pessoa amada se volta porque temos medo de perdê-la. Nesse sentido, a criança tem ciúmes do irmão mais novo, que se coloca em disputa. Muitos acham difícil admitir a própria inveja ou admiti-la nos outros. Portanto, disfarçam o ciúme com argumentos racionais. Um exemplo: Nietzsche se apaixonou por Cosima von Bülow, esposa de Richard Wagner. A partir desse momento ele se tornou ferrenho adversário de Wagner. Antes ele o colocava como que num pedestal, depois voltou-se contra ele por questões de visão de mundo. Mas, na verdade, o ciúme era a causa de sua rejeição "racional". Nenhum de nós gosta de admitir o próprio ciúme. É embaraçoso. Assim, assumimos uma atitude de aspecto diferente.

Além das pinturas, as histórias bíblicas que na Idade Média foram usadas para explicar os pecados capitais nos dizem algo essencial sobre a inveja. Há a história de Caim, que tem ciúmes do irmão Abel. Caim é um agricultor e Abel um pastor. Essa história pode ser explicada sob o ponto de vista sociológico, mas também da existência do ciúme no relacionamento entre irmãos. Ela não deve ser interpretada no sentido de que Deus prefira Abel. Caim tem inveja de Abel porque o vê nitidamente em melhor relação com Deus e com as pessoas. Essa inveja se deve à observação de Caim à sua volta, não suportando ser tão eficiente quanto o irmão. A Bíblia descreve primorosamente os sentimentos que surgem nele: "Caim se enfureceu e ficou com o rosto abatido" (Gn 4,5). A inveja lhe causa uma fúria desenfreada que o leva a matar o irmão Abel. Com isso ele também se prejudica; a terra que absorveu o sangue de seu irmão é amaldiçoada: "Quando cultivares o solo, ele te negará o sustento e virás a ser um fugitivo, errante sobre a terra" (Gn 4,12). A vida do invejoso se torna estéril; ele se consome na inveja; nada progride nele nem ao seu redor; vive incessantemente tenso e inquieto, e isso não para porque sempre há pessoas que lhe inspiram inveja; com a atenção fixa nos outros, nunca encontra a si mesmo. Então Caim passa a ter medo que alguém o mate. Como sinal de proteção, Deus faz um sinal em sua fronte, "para que ninguém, ao encontrá-lo, o matasse" (Gn 4,15). Pode-se entender esse antídoto à inveja que Deus dá a Caim como algo que o faz encontrar a si mesmo. Enquanto se comparar aos outros irá vagar sem descanso e ninguém o acolherá. Deus o coloca em contato consigo mesmo, e isso faz com que ele possa viver entre as pessoas. Isso também pode ser entendido desse modo: quando me sinto em estado de oração paro de me comparar com os outros. Só quando não estou comigo mesmo, quando me defino pelos outros a inveja pode me consumir e, por fim, matar-me.

Outra história de inveja muito representada em pinturas também se refere ao problema entre irmãos. José era o filho mais novo – e mais querido – de Jacó. Seus irmãos não suportavam essa preferência do pai e "morriam de ciúmes" – "Os irmãos, percebendo que o pai o amava mais do que a todos eles, odiavam-no e já não podiam falar-lhe amigavelmente" (Gn 37,4). Então decidiram matá-lo. Apenas Rúben discordou. Seguindo sua sugestão, eles venderam José a mercadores madianitas, que o levaram para o Egito. Lá ele se tornou o primeiro-ministro do faraó devido à sua capacidade de interpretar sonhos. Nos sete anos seguintes, quando houve uma boa colheita, ele aconselhou que se abarrotassem os celeiros, pois previra que os sete anos seguintes seriam de escassez e fome. Quando começou o período de escassez, os egípcios tinham o suficiente para comer. Em Israel também houve fome.

Então os irmãos de José foram comprar grãos no Egito. José os reconheceu e se revelou a eles, pois percebera que eles haviam se arrependido do que lhe tinham feito e, portanto, estavam isentos de inveja. Assim, a reconciliação se tornou possível e a inveja dos irmãos foi derrotada. Pode-se mesmo dizer que a inveja os levou a uma bênção: José convidou seu pai e os irmãos a se estabelecerem no Egito, e todos foram salvos e abençoados.

A terceira história de inveja é a de Saul e Davi. Saul vivia deprimido; ele precisava de Davi, que sabia tocar cítara, e isso aliviava sua depressão. Mas, ao mesmo tempo, tinha inveja dele. Esse sentimento aumentou ainda mais quando Davi matou o gigante Golias e as mulheres passaram a lhe render homenagens cantando: "Saul matou mil, mas Davi matou dez mil" (1Sm 18,6-7). A partir disso Saul passou a procurar um meio para matar Davi. Mas este o respeitava, não reagia à sua inveja com hostilidade; apenas se protegia. Quando Saul morreu em batalha, Davi chorou por ele, pois não o invejava.

Estas três histórias descrevem três maneiras pelas quais a inveja pode ser superada ou transformada. A primeira: quando o invejoso entra em contato consigo mesmo em oração, quando sente a si mesmo e pode agradecer pelo que Deus lhe deu, a inveja se dissolve. A segunda: o invejoso se dá conta do mal que está fazendo por nutrir esse sentimento. Ele lamenta a inveja e a supera. A terceira: a pessoa invejada não reage à inveja; continua a amar o invejoso, poupa-o e o respeita, o que rambém pode suprimir sua inveja.

No Novo Testamento, Jesus demonstra nossa inveja na Parábola dos Trabalhadores da Vinha: enquanto os obreiros se concentraram no trabalho, na esperança de obterem o justo pagamento de um denário, estavam bem. Mas ao perceberem, depois do trabalho, que outros trabalharam menos tempo do que eles e receberam a mesma quantia, ficaram com inveja; acharam que mereciam mais porque trabalharam mais. Deus os repreende pela sua inveja: "Olhas-me com inveja por eu ser bom?" (Mt 20,15). Quando ouvimos essa parábola geralmente também sentimos inveja. Ao discuti-la em grupo, muitas vezes descubro que alguns ficam zangados com o comportamento do dono da vinha. Racionalmente argumentam que tal comportamento não é justo; em discussões acaloradas é possível perceber que a inveja ou o ciúme reprimidos se manifestam. Jesus evoca esses sentimentos reprimidos em nós mediante a provocação, mas nós os escondemos atrás de argumentos racionais sobre justiça e injustiça.

Normalmente nos identificamos com os trabalhadores da primeira hora: gostamos de trabalhar, de ser cristãos e de seguir nosso caminho espiritual; mas quando percebemos que outros chegam ao seu destino sem muito esforço, a inveja emerge subitamente em nós. Jesus nos provoca nessa parábola, mostrando que nossa "fachada decente" muitas vezes é invejosa; sentimos inveja daqueles que não nos parecem ser tão decentes e, ainda mais, gostam disso.

A inveja está profundamente enraizada na alma humana e pode ser despertada em todos nós. Mas, com essa parábola, Jesus nos convida a ser gratos por aquilo que possuímos. Nós temos tudo que precisamos: um denário é suficiente, e não só para o sustento. Simbolicamente falando, não podemos mais do que encontrarmos a nós mesmos, nos harmonizarmos com o nosso ser. Como os outros chegam a essa harmonia é assunto deles. Cada um tem que seguir seu caminho, que o leva à união consigo.

Em termos espirituais, isso não tem relação com a erradição da inveja. Os primeiros monges consideravam oito vícios básicos – mais tarde reduzidos a sete pecados capitais – como ameaças às quais todos estão sujeitos. Devemos enfrentá-las, detectar suas causas e, em seguida, encontrar meios de superá-las. Eles também as chamavam de paixões. Existe um poder em cada uma delas; a questão é transformá-las para que possamos manter seu poder positivo e superar o negativo. Agora resta saber como realizar essa transformação. Em relação à inveja/ao ciúme, passo a descrever alguns meios.

O primeiro é reconhecer a inveja. Sinto-me insuficiente, desejo ser como um ou outro, ter o que ele ou ela tem; quero ter sua importância. Então admito a falta que sinto desses predicados e a entrego a Deus. Isso requer humildade para reconhecer que a inveja é tão profundamente enraigada na alma humana, que pode atingir qualquer pessoa. Mas, com a parábola mencionada acima,

Jesus nos convida a ser gratos pelo que temos. Simbolicamente falando, nada podemos, além de encontrar a nós mesmos, de nos harmonizarmos com o nosso ser. Então, percebo que sou invejoso, que estou em falta para comigo, deixando o amor de Deus fluir sobre minha carência. Isso permite que o meu estado de inveja se transforme; em meio a ela, sinto o amor de Deus, sinto-me amado incondicionalmente. Assim, o sentimento de inveja é transmudado em paz interior.

O segundo é pensar em todas as pessoas que você inveja, e se perguntar: Se eu tivesse o que elas têm, se eu fosse como elas são, se eu tivesse a evidência que elas têm, ficaria feliz? Tudo o que invejo nos outros pode realmente me satisfazer? Após fazer esta análise, aos poucos você perceberá o que realmente quer, e que aquilo que é dos outros não tem serventia para você. Que não se trata de ter, mas de ser; que a felicidade não é *ter*, mas *ser*, estando em harmonia com nós mesmos.

O terceiro é imaginar que você tem e é tudo o que vê nos outros. Então, pergunte para si mesmo: Caso tivesse tudo isso, eu seria realmente o que sou? Ou seria uma aberração, algo artificial, em vez de uma pessoa viva? Ao admitirmos e analisarmos nossa inveja podemos transformá-la em gratidão: sou grato por mim e pela minha vida; olho-me com novos olhos. Então, automaticamente, descubro o que Deus me deu. E, com gratidão, ficarei satisfeito, percebendo também como Deus foi generoso para mim, com todas as minhas limitações.

Obviamente, não basta fazermos esse exercício uma única vez e supormos que a inveja foi erradicada de nossa vida para sempre; ela voltará muitas e muitas vezes. Mas não adianta lutar contra ela ou reprimi-la; devemos entregá-la a Deus, pensando nos caminhos descritos. Dessa forma, ela se tornará um estímulo para sermos nós mesmos e igualmente sermos gratos por nossa identidade. A condição para transmutar a inveja é não avaliá-la. Se nos condenarmos por sentirmos inveja, ela aumentará, ocasionando-nos culpa e nos puxando para baixo. Devemos olhar para ela isentos de julgamento e abordá-la em liberdade. Isso era a prática dos primeiros monges. Eles lidavam com pensamentos negativos e paixões, mas nunca lutavam contra eles; sempre extraíam deles o poder positivo, e assim eram fortalecidos em seu caminho espiritual.

A inveja é uma reação à necessidade e a uma vida de sucesso. Muitas vezes ela nos leva à percepção, como pudemos perceber nos quadros dos pintores, de que estamos nos devorando nela. Portanto, é preciso transformá-la em reação positiva. Ela pode nos incitar a trabalhar em nós mesmos; pode se tornar o motor para obtermos o sucesso que invejamos nos outros.

A propaganda é um estimulante da inveja, e essa exploração dela é um obstáculo à paz interior, porque leva os mais ricos a comprarem sempre mais e a ficarmos sempe insatisfeitos com aquilo que temos. O melhor é aceitarmos a inveja como um desafio para trabalharmos nós mesmos e fazermos algo por nossa vida. Também é preciso que aprendamos a aceitar nossa medida e nos perguntarmos do que realmente precisamos para que nossa vida vida seja bem-sucedida: não precisamos de um carro igual ao do vizinho rico; não precisamos do sucesso dos atletas, atores ou empreendedores. A inveja nos leva a pensar sobre o que realmente nos dá paz. Em última análise, ela nos leva a outro nível, a um nível espiritual. Mas, espiritualidade nada tem a ver com o não agir, transformando preguiça ou fracasso em vitória. Pelo contrário, espiritualidade significa a aceitação de nossa necessidade, estimulando-nos a perguntar: O que realmente pode preencher a minha carência? É o sucesso, a riqueza, o reconhecimento, a popularidade? Ou é outra coisa? A transformação da inveja começa com a aceitação da carência e depois com a busca de meios espirituais para preenchê-la adequadamente. É preciso tomar cuidado para não fazer da espiritualidade uma fuga. Temos necessidades humanas que precisam ser humanamente preenchidas, mas, ao mesmo tempo, devemos amenizar o apego às realizações meramente humanas.

A inveja da popularidade alheia não é resolvida tentando se tornar igualmente popular. Também não adianta rejeitá-la superficialmente, dizendo: "Não preciso disso". "Estou acima disso." "Sou espiritualizado." Isso seria utilizar a espiritualidade como fuga. Em determinado momento, fatalmente haveria necessidade de encarar esse desejo de popularidade, e isso seria um desastre. Na verdade, o que devemos fazer é reconhecer nossa carência, transcendendo-a, elevando-a para um nível mais alto, e esse nível pode ser a experiência do amor incondicional de Deus. Quando, em oração, sinto a aceitação absoluta de Deus, a inveja é transformada em paz e gratidão. Isso não nos imunizará da inveja, que reaparecerá quando, por exemplo, nos defrontarmos com alguém que é amado por todos ou quando nos sentirmos negligenciados pelas pessoas. Mas, nessas ocasiões, não seremos devorados pelo sentimento de inveja. Nós o perceberemos, mas ele nos levará à experiência de nossa oração: somos incondicionalmente amados por Deus.

O mesmo pode ser aplicado ao ciúme. Primeiro, pergunto-me de onde vem o ciúme: do comportamento do meu marido/minha esposa, que parece "alegrinho"/"alegrinha" demais em conversas com outras pessoas? Ou vem de um antigo relacionamento ambivalente com meu pai ou minha mãe? Ou à falta de um vínculo de confiança com meus pais? Porém, não basta estudar e procurar as causas. Ciúme é vício, que é anseio reprimido. Então, que anseio está guardado em meu ciúme? Muitas vezes é o anseio de ter o/a parceiro/a só para mim, ter o monopólio de seus cuidados, de seu tempo e de sua estima. Mas eu posso admitir esse anseio e pensar: sim, ele é um fato na minha vida. Mas também tomar consciência de que não posso trancafiar meu marido/minha esposa, e que um relacionamento assim seria terrível.

Certa mulher me disse que seu marido ficava com ciúmes quando ela ia se encontrar com suas amigas, que queria ela perto dele o tempo todo. Porém, quando ela estava com o marido, ele nada dizia; sentava-se em frente à TV e não conversava. Ele só queria tê-la; ela deveria estar com ele. Porém, ele não conseguia compreender esta verdade: quem vive de ciúme bloqueia o relacionamento.

Se verificarmos o anseio que está por trás do ciúme perceberemos que neste reside uma grande declaração: eu amo meu parceiro/minha parceira. Mas isso é um amor deformado, combinado com a expectativa irreal de poder possuí-lo/la e tê-lo/la comigo o tempo todo. Nesse caso, o ciúme funciona como um convite para eu pedir a Deus confiança e fidelidade permanentes e mútuos. Assim, o ciúme se tornará um desafio a pensar na natureza do amor, que é sempre um dom. O amor precisa da confiança, pois, quando controlado, ele morre. Assim, o desafio é transformar o ciúme em amor, isento de amarras; em dom, que deve ser aceito com gratidão e cuidadosamente observado.

Orgulho (*superbia*)

Bernd Deininger

Ao longo de sua história, as religiões, cada uma à sua maneira, sempre colocaram o orgulho na linha de frente de seus catálogos de pecado, frequentemente na forma de uma recusa ao respeito por uma autoridade ou da tendência que o ser humano tem de fazer de si mesmo um deus.

O orgulho é frequentemente descrito como vaidade. O caricaturista francês Honoré Daumier ironizou a arrogância no século XIX, colocando velhos posudos e dignitários exibicionistas no centro de seus trabalhos. Assim, ele criticava o orgulho oco, sem base mem merecimento. No entanto, existe uma linha divisória entre a presunção arrogante e a autoestima legítima. Há uma forma de orgulho saudável, que tem a ver com autoestima. Qualquer um que tenha orgulho das próprias qualidades pode cuidar de si, ter autoconfiança, viver bem e com segurança. Um tipo de orgulho que se define como realização e sucesso.

Esse tipo de pessoa pode muito bem aliar um bom sentimento ao orgulho de si mesma, realizando serviços que vão além do nível normal e pelos quais é distinguida. Os psicólogos americanos Tracy e Robins o classificam como "orgulho autêntico".

Outro tipo de orgulho, por outro lado, está associado ao convencimento exacerbado, ou seja, à arrogância. Trata-se do "orgulho presunçoso", que a psicanálise associa ao narcisismo doentio. É importante perceber a diferença entre o narcisismo saudável e o patológico. Se uma criança, por exemplo, sentir que não tem um significado importante para a sua mãe, que esta é incapaz de satisfazer as suas necessidades, ou mesmo se ela não a reconhece como filha, isso lhe poderá gerar uma ameaça existencial. Para não se sentirem expostos à desproteção, um bebê ou uma criança pequena fantasiam sua própria envergadura para se sentirem independentes do exterior, como se todas as pessoas ao redor – no caso, a mãe – não tivessem importância. Quando essas fantasias são condensadas e aprofundadas, geralmente permanecem vivas durante toda a vida da pessoa. Se ela não conseguir assimilar a ideia de que é importante para os outros, sempre encontrará em si a necessidade de obter aprovação externa. Essa comprovação exterior é extremamente importante, para o desenvolvimento mental, nos primeiros meses de vida de uma pessoa. Mesmo que exista, há uma grande necessidade de recebê-la. Não ocorrendo isso, já na idade adulta, as pessoas continuam dependendes desse tipo de aprovação; isto é, pessoas com uma estrutura narcisista precisam, para se sentirem razoavelmente bem, de outras pessoas que constantemente as confirmem e reconheçam. Assim, seu mundo exterior fica reduzido à função de fornecedor de reconhecimento e admiração. As pessoas com narcisismo patológico supervalorizam seu ego e desvalorizaram as pessoas ao seu redor.

No início do desenvolvimento infantil ocorre simbiose entre mãe e filho. No entanto, essa unidade pode ser abalada por limitações do cuidado materno. Isso poderá ocasionar sentimentos infantis de pequenez e fraqueza tão infinitos, que um ego maior deva ser construído e as imagens internas – chamadas *imago* – idealizadas. Kohut diz que pai e mãe atenciosos parecem abrangentes para a criança, fazendo-a se sentir parte deles. Assim, em certo sentido, ela tem uma participação no tamanho e no poder dos pais e, portanto, não precisa mais ter medo. Essa redução da ansiedade desempenha um papel importante nos estágios iniciais do desenvolvimento infantil. Já o decorrer do processo ocorrerá, portanto, por confirmação e encorajamento, mas também por frustrações que reduzirão a sensação de fraqueza e de imagens idealizadas. Quanto mais uma pessoa sentir a aproximação do que deseja ser com o que realmente é, mais se aliviam as tensões insuportáveis e, assim, ela poderá desenvolver uma autoestima saudável.

Faltando a empatia dos pais, torna-se praticamente impossível à criança desenvolver um *eu* estável; porém, a versão infantil e idealizada dos pais permanece. Sinais de desenvolvimento narcísico perturbado, por exemplo, podem ser a existência de raiva difusa, a falta de delimitação entre o si-mesmo e os outros ou mesmo fantasias desarmônicas em relação à realidade.

Nesse contexto, vamos dar uma breve passada pelo mito grego do belo jovem Narciso, do qual devemos o termo *narcisismo*. A história pode ser encontrada nas *Metamorfoses* de Ovídio. Narciso rejeita todo amor, especialmente o da ninfa Eco, que o adora. O amor é uma dádiva abençoada, e rejeitá-lo é uma ingratidão para com os deuses (ou, em nossos termos, para com Deus ou a vida). O ingrato pune a si mesmo, e, nesse sentido, Narciso contempla sua própria imagem espelhada na água de uma fonte, apaixonando-se por si mesmo, até deixar-se cair na água e morrer afogado. No local de sua morte brota uma flor chamada narciso. Essa forma de conexão entre a ninfa Eco e o jovem Narciso é encontrada apenas em Ovídio. Em outras tradições, a ninfa rejeitada é transformada em pedra e Narciso morre devido aos ecos de sua lamentação.

A tradição de Ovídio, no entanto, inclui a importante subdivisão do episódio da imagem no espelho. A princípio, Narciso acredita que vê um menino lindo na água e se apaixona por ele. Mas, em seguida, ele se dá conta de que o tal menino é ele mesmo, espelhado na superfície da água, e nessas condições, ele não tem como consumar o amor que sente. Em todas as interpretações antigas, Narciso é um exemplo do amor sem esperança, de uma perigosa devoção a uma beleza passageira e daquele que é punido por falta de amor. Somente em épocas posteriores o mito foi usado como exemplo de um amor consciente, ou do *eu* associado à ideia do autoconhecimento.

Intimamente ligado ao narcisismo patológico está o conceito de insulto, isto porque uma pessoa com narcisismo doentio se ofende muito facilmente – apesar de a ofensa em si ser um fenômeno comum da experiência humana. No entanto, é evidente que a tendência de se sentir ferido está ligada à questão da autoestima. Até mesmo uma pessoa com desenvolvimento saudável dificilmente se sentirá sem a confirmação de seu valor, com elogio e reconhecimento por parte dos outros. A meu ver, é ilusão acreditar que nossa autoestima é estável a ponto de nunca ser abalada por nada, pelo que os outros pensam de nós e como eles nos tratam. É evidente que o conceito externo só fortalece nosso senso de valor próprio se o considerarmos justificado e apropriado. Se formos elogiados por uma ação na qual não nos envolvemos, o elogio e o reconhecimento serão muito desagradáveis.

Uma primeira e fundamental experiência que uma criança pode ter em relação à ofensa é quando seus afetos e impulsos são rejeitados ou não são reconhecidos. Como ela é completamente dependente do ambiente que a acolhe, se determinado sentimento que tenha ou se manifeste não receber atenção, não surtindo efeito, terá consequências duradouras.

Freud falou do "narcisismo primário", do primeiro amor-próprio da criança. Nos "bastidores" desse amor-próprio, a criança tenta entender diretamente o mundo que a cerca. Diante de uma rejeição, sentirá um profundo rombo no espírito, na forma de um insulto básico. Ela, então, passará a se concentrar em si mesma, desenvolvendo o chamado "narcisismo secundário". Como substituto do "amor primário", que a caracterizava antes, ela passa a desenvolver um objeto adicional – chamado em psicanálise de "ego ideal" –, uma imagem idealizada de si mesma, que busca alcançar.

Freud considera que o amor-próprio – que agora se volta ao ideal do ego –, recebeu o ego real precocemente.

Nesse sentido, o narcisismo – isto é, o amor-próprio – se deslocou para o novo ego ideal.

Vamos abordar alguns exemplos de insulto que os pais podem infligir aos filhos: quando dizem a uma criança que aquilo que ela sente é errado, que pensa errado, ou – pior ainda – que, por causa disso, se comporta mal, idealizam para ela um modo de ser que não lhe pertence. Estão lhe expressando insultos de caráter narcísico, tão ameaçadores e perturbadores, que ela deverá erradicar sumariamente esses sentimentos e pensamentos de sua consciência. No entanto, como os pais nem sempre agem de modo reprovador, ocorrem outros tipos de mensagem, como por exemplo: Se você for o melhor na escola ou no esporte poderemos reconhecer seu valor e aprová-lo. Ou ainda: Se você fizer o que lhe pedimos, se você se adaptar à nossa vontade, nós o aceitaremos.

Se essas mensagens abrirem o caminho para uma criança ser amada, ela procurará de bom grado satisfazer os desejos dos pais. Porém, quanto mais esforço uma criança fizer para viver de acordo com o ideal do ego – da maneira como os pais querem –, mais tenderá a falhar. Em casos extremos, o fracasso pode ser tão estressante, que crianças ou adolescentes chegam a cometer suicídio. Em suma, pode-se dizer que a principal afronta contra a autoestima não é apenas um evento traumático, mas também o desenvolvimento de uma atmosfera particularmente ofensiva. Em psicoterapia analítica, portanto, é importante ajudar a pessoa a recuperar sua autoconfiança, seu verdadeiro eu. O sentimento doloroso dos insultos costuma voltar à tona, dando origem a sentimentos e ideias de vulnerabilidade. A partir disso é imperioso que a pessoa mobilize forças para respeitar e amar a si mesma.

O que foi dito até agora explica por que a arrogância e o orgulho surgem como funções defensivas da mágoa e da autoestima.

Voltando à questão do narcisismo, não é só a inconveniência mencionada acima – falhas de autoestima ou traumas nos primeiros meses de vida, defeitos no desenvolvimento pessoal – que contribui para a formação de um comportamento narcisista; mas também, em sentido contrário, a facilidade excessiva, a superproteção e a dificuldade para que a criança cresça de acordo com sua fase e com seu verdadeiro eu, o que ocorre também quando os responsáveis tentam amoldar-se a ela. Isso está muito presente nas famílias em que tudo gira em torno do "pequeno príncipe", com uma generosidade econômica sem limites; por exemplo, presentes, ou quando um filho é convidado a seguir muito cedo os passos de um pai bem-sucedido, assumindo igualmente, antes do tempo, um patrimônio industrial significativo. Nas sociedades medievais, isso muitas vezes também era um fardo para o primogênito real, quando, como sucessor do trono, era coroado muito cedo e ninguém ousava questioná-lo quando havia necessidade de corrigi-lo.

O inglês Steve Taylor, em seu livro *The Fall* ("A queda", 2009), examinou como egoísmo e egocentrismo afetam a história. Ele chegou à conclusão de que as guerras são em grande parte o resultado de um ego excessivo, centrado nas pessoas envolvidas. Um exemplo muito característico disso pode ser Napoleão, que foi o responsável pela morte de 6 milhões de pessoas, de acordo com cálculos dos historiadores. É bem sabido que, além de sua própria opinião, ele não aceitava nenhuma outra; que ele removeu de seu círculo mais íntimo ou mandou para o exílio todos aqueles que se opunham a ele, o que o levou a ser cercado apenas de puxa-sacos. Napoleão foi certamente um gênio militar; diz-se que ele podia visualizar os campos de batalha pela leitura do mapa e calcular imediatamente o tempo necessário para chegar ao local de luta. Mas ele não conseguiu lidar com seus sucessos iniciais. Completamente resistente a conselhos, não admitia falhas e fraquezas; baseava-se exclusivamente em si mesmo e usava as pessoas como marionetes, que deveriam ser manipuladas por ele. Napoleão perdeu sua última batalha em Waterloo para o General Wellington porque não se dispôs a seguir o conselho de seus oficiais. Na história recente, os traços da personalidade narcisista certamente também se aplicam a Mao Tsé-Tung e Stalin, que agiram da mesma maneira.

Mesmo assim, o orgulho e o narcisismo têm um outro lado. Já mencionei o conceito de Tracy, que separa o "orgulho autêntico" do "orgulho presunçoso". Se uma pessoa pode reivindicar sucesso com esforço e trabalho duro, pode se orgulhar de si mesma e se sentir bem. Pessoas que podem ser autenticamente orgulhosas de si mesmas costumam ser socialmente compatíveis, abertas a novas experiências, emocionalmente estáveis e conscientes. A sensação de ter alcançado algo que também é positivamente valorizado pelo mundo à volta pode tornar o indivíduo autoconfiante e satisfeito. O orgulho de si mesmo, baseado em sucessos externos, pode mudar positivamente o pensamento, aumentando a autoconfiança e dando a sensação de melhor controle sobre si mesmo e o mundo. Em contraste com a positividade em relação a si mesmo, há o *hybris* (ideia de grandeza), que designa o tamanho do orgulho. Por trás do *hybris* e da arrogância existem medos difusos e correntes agressivas que são forçados a recuar em função das aparências externas. Assim, as pessoas que não conseguiram desenvolver uma autoimagem estável têm medo de rejeição, à qual já estavam expostas principalmente em seus primeiros estágios de desenvolvimento. Isso muitas vezes faz com que as pessoas com distúrbios narcísicos tenham dificuldade em manter relacionamentos de longo prazo, porque têm medo de abandono e mágoa.

Em resumo, gostaria de dizer que o orgulho deve ser valorizado de maneira diferente em sua complexidade multifacetada. Existem formas de orgulho e de ocupação narcísica positiva do eu, que são vitais e nos permitem atravessar a existência de maneira estável e segura. As formas patológicas de altivez – vestidas de arrogância, desvalorização do mundo exterior, egoísmo e egocentrismo – têm sua origem principalmente na primeira infância, na qual uma considerável falta de autoestima pode ter surgido por meio da traumatização. Aqui trago um exemplo dos meus muitos anos de experiência em terapia prática: o Sr. Z. relata que nos últimos meses tivera muitas brigas com a esposa a quem ele "idolatrava". Depois de uma discussão na qual ela ameaçou deixá-lo, ele desenvolveu ataques de pânico, com a sensação de ter um fardo pesado no peito, e que, além disso, estava em constante conflito com pessoas próximas, pelas quais nutria, internamente, grande decepção. – Frisamos que a decepção provoca um sentimento de vazio tão forte, que dá ganas de romper com todo e qualquer contato com o mundo. Sr. Z., prestes a completar 60 anos, sempre recorria ao passado, sentindo que havia desperdiçado muitas oportunidades, e que elas poderiam torná-lo uma pessoa famosa. Mas isso não ocorreu porque ele sempre foi impedido por causas externas e prejudiciais a ele.

O Sr. Z. vinha de uma família simples; seu pai trabalhava em um armazém e sua mãe era garçonete. Ele não tinha qualquer informação dela; quando ele tinha 1 ano de idade, sua mãe deixou seu pai, indo viver com um americano – já adulto, ele tentou pesquisar sobre o paradeiro da mãe, mas não obteve sucesso.

Sentindo-se sobrecarregado em sua educação, seu pai o internou num orfanato, onde permaneceu durante 4 anos. Seu pai casou novamente e teve outro filho – 1 ano mais novo do que ele –, mas manteve-o durante um longo tempo no orfanato.

Quando retornou para a casa paterna, dava-se bem com a madrasta e o meio-irmão. Era uma mulher carinhosa e boa. – Em momentos cruciais, ela se voltava para o filho biológico, mas tentava não deixar o enteado de lado. Mas seu pai era uma pessoa de tipo mandão e convencido; queria sempre estar certo, nunca o aceitou e sempre lhe dizia que ele o irritava. – Em sua vida adulta continuou tentando se aproximar do pai, mas quando se encontravam, os conflitos e as discussões não demoravam a surgir.

A saudade que ele sentia do pai e o que via de positivo nele não demorou para entrar em colapso. Outro fardo que pesou sobre ele foi a escarlatina, contraída quando tinha 6 anos, deixando-o com deficiência auditiva. Seu meio-irmão também contraiu a doença – talvez infectado por ele – e veio a falecer. Inicialmente ele teve a sensação de que sua madrasta o estava responsabilizando pela morte do filho. Porém, passado algum tempo, ela o tomou completamente para si e o mimou ainda mais do que antes.

Em seus pensamentos e sonhos, às vezes ele se sentia feliz pela morte de seu meio-irmão, ocasionando-lhe sentimentos de culpa. Ele se punia por ter esses pensamentos e sonhos não comendo os doces que ganhava da madrasta; ele os distribuía a outros meninos. Também passou a rasgar as próprias roupas, e por isso era espancado pelo pai, mas nisso sentia-se aliviado diante da culpa que sentia pela morte de seu meio-irmão.

Após a morte do filho, sua madrasta desprezou seu pai. Isso fez com que ele procurasse outras mulheres como amantes, o que a levou à separação. Ela conheceu outro homem logo após a separação, casando-se com ele depois de 1 ano. Como não queria se afastar da madrasta, dos 8 aos 15 anos ele alternava semanalmente suas estadas nas casas da madrasta e do pai. Ele não se sentia à vontade na casa do pai, com os sucessivos casos que ele tinha com diversas mulheres; mas o contrário era sentido na casa dela e de seu novo marido. Mesmo assim, sentia-se como um sem-teto; uma figura marginal em ambas as famílias. Aos 17 anos, procurou ter vida própria, rompendo seu relacionamento com o pai e a madrasta.

Não conseguiu ingressar na *Realschule* (uma espécie de ensino secundário alemão), permanecendo com 9 anos de escolaridade. Iniciou um aprendizado de impressor, mas não se formou porque, pouco tempo depois, entrou para o mundo das drogas, permanecendo nele até os 32 anos. Devido ao uso e dependência de drogas, ele habituou-se à delinquência (assaltos, arrombamentos etc.), o que o levou diversas vezes à prisão, bem como a instituições de desintoxicação e reabilitação. Depois de 3 anos na prisão, Sr. Z., pensando em sua vida, sentiu-se um inútil e decidiu se livrar das drogas, que conseguia com a ajuda de um carcereiro.

Conseguiu concluir com sucesso um curso de pintura numa Academia de Belas-artes. Depois de alguns anos de empenho, suas pinturas começaram a ser cada vez mais vendidas, e a partir dos 45 anos se tornou-se bem-sucedido, sendo capaz de viver de sua arte. Alugou um grande estúdio, teve muitos alunos, esteve presente em todas as principais exposições na Alemanha, comprou roupas de *grife* e carros de luxo, vivendo significativamente bem.

Cada vez mais, ele sentia que era o "novo Picasso", o que provavelmente lhe fora sugerido por galeristas e colecionadores de arte, de modo que ele ficava cada vez mais convencido disso.

Após a compra de uma casa no sul da França, um iate a vela e vários apartamentos de luxo, entrou em colapso. A cena artística havia mudado, de modo que suas pinturas caíram de preço. Seu trabalho tornou-se intermitente. Por causa de seu constante conflito, muitos alunos o abandonaram. Ele não podia mais pagar suas dívidas e foi à falência. Chegou a tentar suicídio com pílulas para dormir, mas sua esposa o encontrou a tempo para chamar uma ambulância. A partir disso ele se retirou completamente de cena; além da esposa e de alguns amigos de longa data, não estabelecia mais contatos. Mas por causa de sua tendência à discussão e de seu autoritarismo, os amigos que restavam também começaram a se afastar, o que o levou a procurar minha ajuda.

Ele sempre se sentiu carente de afeto, tentando se adaptar para recebê-lo. Para isso era forçado a reprimir suas tendências agressivas e vivia constantemente adiando seu desejo por autonomia. Recapitulando, a morte de seu meio-irmão o atormentou intensamente com sentimentos de culpa. Ele teve um distúrbio auditivo atribuído à escarlatina. – Observando mais detalhadamente o fato, tornou-se claro que essa perda auditiva só se manifestava em situações estressantes, e que ela havia desaparecido subitamente após seus 12 anos de idade. Como resultado de seu conflito não resolvido de carência de autonomia e de suas relações instáveis, bem como a falta de um lar, que ele sempre sentiu, aos 17 anos caiu no vício das drogas, que durou cerca de 15 anos.

Durante esse tempo ele sempre se sentiu como uma folha ao vento, sem parada, caindo e levada de volta para cima por rajadas de vento. Durante seu tempo de escolarização e no período em que consumiu drogas teve relacionamentos estáveis. Nem mesmo após sua admissão na Academia de Belas-artes ele foi capaz de estabelecer e manter relacionamentos, sempre procurando ser admirado pelos outros. Se alguém questionasse suas ideias e opiniões ou lhes desse pouca atenção, ele se afastava. Os amigos do sexo masculino eram de curto prazo. Aos 41 anos, quando se tornou bem-sucedido, casou-se com uma mulher que o admirava muito e que era sua aluna. Até essas coisas boas eram apenas toleradas por ele; mesmo se continuassem a admirá-lo após a falência, dizendo-lhe que era o maior dos pintores. Não havia uma única pessoa a quem ele pudesse confiar seus sentimentos.

Qualquer proximidade emocional que surgia era logo submetida a considerações duvidosas; ele desmembrava forçosamente sua opinião sobre a pessoa em aspectos bons e maus. Assim foi com sua esposa, de quem se separara e que lhe parecia uma perseguidora cruel que só lhe desejava o mal.

Quando ela o admirava, ele a classificava como a "fada madrinha" de sua vida. Seu relacionamento é mais próximo com o filho, a quem fala de seus sucessos e conquistas; este diz querer ser como o pai. Mas o Sr. Z. tem medo de que o filho o deixe, movido pelo abandono por parte de sua mãe e da morte do meio-irmão.

Com base em sua história e nos sintomas verificados, torna-se visível que o Sr. Z. é uma pessoa com distúrbio de personalidade narcisista. Devido ao relacionamento com o filho e ao medo de perdê-lo, ele decidiu recorrer à terapia, o que lhe dá a oportunidade de desenvolver uma autoimagem confiável, a fim de poder entrar em relacionamentos mais sustentáveis e confiáveis com as pessoas. Pressupõe-se que seus medos de abandono fortemente reprimidos e sua baixa autoestima se tornem visíveis a ponto de poder processá-los. A bipolarização que faz do mundo, em bem e mal, também poderá ser tratada terapeuticamente num processo de transferência.

Construir um eu estável que torne a existência viável é muitas vezes inatingível por diversas razões. Muitas pessoas que podem vencer sérios distúrbios narcísicos na vida cotidiana, procuram fazê-lo sem terapia, esquivando-se das pressões psicológicas, encontrando maneiras de compensar seus *deficits* narcísicos em meio à sociedade. No entanto, isso sempre leva a danos, tanto para eles próprios quanto para aqueles que estão em contato com eles.

* *

Anselm Grün

Hieronymus Bosch retrata a arrogância na pintura mencionada acima com o diabo colocando um espelho diante de uma mulher arrogante. Quando olha para si mesma, ela perde o orgulho. Muitas vezes, o orgulho é representado nas figuras de um cavalo alto ou de um pavão, entendido como um símbolo de vaidade. Esses elementos também aparecem na pintura já mencionada de Caspar Meglinger, que retratou a procissão triunfal do orgulho (em latim: *superbia*) como uma mulher vaidosa olhando-se no espelho. Ela passa por um pavão e pela Torre de Babel, o símbolo bíblico da arrogância do homem. De cima cai Ícaro, que queria voar até o sol. A arrogância é acompanhada pelos vícios que daí resultam, como a inveja, o desprezo observado no carteiro, que não presta atenção ao caminho, a obstinação que se torna visível no cavalo empinado e a curiosidade. O ridículo, a desobediência e a ostentação também compõem a representação do orgulho.

As palavras alemãs *Stolz* (orgulho) e *Hochmut* (altivez) têm um sentido positivo e um negativo. Posso ter orgulho da minha família ou de um trabalho que consegui fazer. Mas a palavra "orgulho" também se associa a "nariz empinado", a atitude "rija e ereta". Da mesma forma, a palavra "altivez" pode significar "elegância", um humor sofisticado, uma mente nobre, mas também rigidez e arrogância. Nesse sentido, arrogante é aquele que reivindica algo que não merece, uma dignidade que não tem, um respeito ao qual não faz jus. O que a *superbia* realmente significa pode se expressar melhor pela palavra *hybris* – *superbia* vem do grego *hiperbios*, que significa dominador (*bia* é o poder violento). *Hybris também* significa arrogância, maldade, impiedade, ilegalidade, abuso e insulto. Em Atenas havia uma importante lei contra o *hybris*, o insulto de um cidadão; a lei previa pena de morte para o tratamento vergonhoso dado a um cidadão livre. Eu traduziria "arrogância" como "abuso": elevar-se além da medida a que se tem direito, posicionar-se acima dos outros, olhar para os outros como da altura de um edifício.

Uma história bíblica, muitas vezes citada como exemplo de arrogância, é a do banquete organizado pelo Rei Baltazar. Nesse banquete, Baltazar bebeu muito vinho, e em sua embriaguez, mandou trazer vasos de ouro e de prata que seu pai Nabucodonosor havia tirado do templo em Jerusalém. Isso foi um sacrilégio aos vasos sagrados; ele se imaginou sagrado. Santo é aquilo que é retirado do mundo, mas o arrogante não pode aceitar que haja algo fora de seu alcance. Ele se coloca acima de tudo, até mesmo do sagrado.

O sagrado, no entanto, se vingou, pois não é algo que possa ser possuído. A Bíblia nos diz que de repende apareceu uma mão humana, e que escreveu algo na parede branca do palácio real. "Quando o rei viu a mão escrevendo, ficou com o rosto lívido, os pensamentos perturbados, as juntas dos seus quadris como que desarticuladas, enquanto seus joelhos se entrechocavam" (Dn 5,5s.). Ele chamou os sábios para que interpretassem aqueles escritos, mas nenhum deles conseguiu. Então a rainha-mãe mandou chamar Daniel, o judeu sequestrado, para que pudesse interpretar.

Daniel disse: "Eis a explicação das palavras: *Menê* = 'Contado' – Deus contou os dias do teu reinado e lhe pôs um limite. *Tequêl* = 'Pesado' – Foste pesado na balança e teu peso foi considerado insuficiente. *Perês* = 'Dividido' – Teu reino foi dividido e entregue aos medos e persas!" (Dn 5,26-28). Naquela mesma noite, o rei foi morto por seus servos. O arrogante não observa as ordens divinas, transgride todos os mandamentos, tenta superar a realidade. O arrogante acha que é legislador e norma de todas as coisas, que pode decidir por si mesmo o que quer; não se atém à medida humana; assume o controle, mas "cai do cavalo". O orgulho o deixa cego diante da realidade, então esta se vinga e o mata.

A outra história bíblica usada para ilustrar o orgulho é a da Torre de Babel: as pessoas se tornaram arrogantes; pensaram que poderiam construir uma torre que alcançasse o céu; queriam mostrar seu nome ao mundo (Gn 11,4), serem conhecidas em todo o mundo. Hoje, essa tendência não é mais vista em edifícios, mas na mídia. Há pessoas que sentem a necessidade de estar presentes em todos os lugares; julgam seu valor pelas classificações de suas declarações e muitas vezes perdem o controle.

A punição por essa arrogância é a confusão de palavras na Bíblia: todo mundo fala uma língua diferente; não podem mais se comunicar. Isso também deve ser observado hoje: há muita conversa, mas principalmente sobre os outros. Em *talk shows*, todos tentam falar o máximo possível para obter respeito. O conteúdo fica em segundo plano, o que precisa ficar evidenciado é apenas autoexpressão. E nisso não há conversa, pois ela está relacionada a comunidade, e só é válida quando vem do coração. Há apenas fala. As celebridades querem que as pessoas falem sobre elas para que também possam falar. Porém, o falar é mais um sinal de orgulho; uma fala sempre salta aos olhos, e isso pode facilmente encaminhar ao negativo. Pode não haver uma única alusão positiva a determinada pessoa, mas esta também entra na fala, propagando-se rumores sobre ela. Eis aí a questão do cavalo alto.

A arrogância é frequentemente uma reação ao sentimento de inferioridade. Por não querer reconhecer a própria inferioridade, a pessoa se eleva acima dos outros e, em última análise, acima de

Deus; ela não consegue enxergar sua condição humana. Aqui me refiro à cegueira que caracteriza o altivo; ele se acha o maior, mas o ambiente em que vive conhece as suas fraquezas. C.G. Jung chama a arrogância de "inflação"; quando se projetam ideias sobre si que excedem os limites. Ele insere a arrogância nas imagens arquetípicas. Estas nos colocam em contato com nossas próprias habilidades, mas se me identifico com uma delas, fico cego para a minha própria necessidade. Por exemplo: aqueles que se identificam com o arquétipo do curador ficam cegos para a sua necessidade de convívio e querem ser especiais. Sentem-se como um curador que está acima de todas as outras pessoas. Outros se identificam com o arquétipo do profeta e não percebem que isso esconde seu dogmatismo e sua necessidade de poder. Já a identificação com o arquétipo do padre muitas vezes afasta a pessoa de sua condição humana; sentem-se especiais, sagradas, supervisionam os outros. O arquétipo do professor coloca a pessoa em contato com suas habilidades. Mas se ela confunde personalidade com profissão, identifica-se totalmente com essa imagem, tornando difícil o convívio com os filhos, que querem um pai, e não um professor que só sabe ensinar. Esse tipo de pessoa também encontra resistência no círculo de conhecidos, porque sempre quer ensinar, permanecendo cego para si mesmo.

A Bíblia não nos conta apenas histórias nas quais a arrogância é punida ou levada à ruína. Há também aquelas que nos mostram a superação e a transformação do orgulho. Nesse sentido, tomo a cura do cego de nascença como um exemplo: Jesus se recusa a interpretar a cegueira daquele homem. "Os discípulos lhe perguntaram: 'Mestre, quem foi que pecou, ele ou seus pais, para ele nascer cego?'" (Jo 9,2). Uma típica pergunta sobre causa. Mas Jesus não está preocupado com a causa; interessa-lhe o significado da doença: "Ninguém pecou, nem ele nem seus pais, mas é para que as obras de Deus se manifestem nele" (Jo 9,3). Assim, não importa a culpa, mas o significado da cegueira. Esta se torna o ponto no qual o poder curativo e transformador de Deus pode se revelar. E isso leva ao surgimento do verdadeiro eu, à chance de descobrir o verdadeiro eu.

Mesmo que não perguntemos por que, é possível imaginarmos o que a cegueira significava para aquele homem: provavelmente tivera experiências tão ruins na infância que só conseguia fechar os olhos; era incapaz de perceber sua realidade. Sua cegueira era uma proteção contra muita dor e muita lesão.

Jesus o cura cuspindo na terra, fazendo uma massa com sua saliva e esfregando-a nos olhos dele. A terra (em latim: *humus*), aqui, é símbolo de *humilitas*, humildade, que é a coragem de olhar para a própria condição humana, descendo às profundezas da própria humanidade; até mesmo às profundezas de uma infância difícil. Jesus varre a sujeira dos olhos do cego, querendo lhe dizer: somente quando você puder olhar para a imundície que está em você e que aconteceu em sua história de vida, poderá ver novamente. No entanto, o cego não pode olhar por si mesmo a sujeira de sua vida. Jesus, então, o envia à piscina de Siloé – que significa "o mensageiro" (cf. Jo 9,7). Ele deveria se lavar nessa piscina. Aí, sim, ele conseguiria ver. Pode-se dizer que, antes de tudo, ele precisa do encontro amoroso com Cristo, que, de um lado, confronta-o com a sujeira de sua vida, e, de outro, liberta-o da sujeira, lavando-o. Somente pelo tratamento amoroso o cego é capaz de olhar para trás, para a sua própria realidade. Ele é curado de sua cegueira, de sua arrogância, pois Jesus lida amorosamente com todos os lados reprimidos nele.

Evágrio Pôntico descreve a altivez muito drasticamente: "O demônio do orgulho é o causador do pior que pode acontecer a alguém". Ele engana o monge, induzindo-o a não buscar em Deus a causa de suas ações virtuosas, mas em si mesmo. Seus irmãos são considerados burros só porque não têm a mesma opinião que eles. Raiva e tristeza acompanham esse demônio [...]. O orgulhoso contrairá a pior doença possível; ele se tornará mentalmente perturbado, cairá na loucura e sofrerá alucinações, que o enganarão com bandos de demônios no céu" (PONTICUS, 1986: 14).

Evágrio vê o maior perigo de orgulho no fato de esquecermos nossa medida e enlouquecermos. Para ele, orgulho é uma doença mental, e como remédio contra ela, declara: "Lembre-se de sua vida passada com os seus pecados passados e de como você obteve a misericórdia de Cristo (*apatheia*), mesmo sendo governado por suas paixões. Lembre-se também de como você se retirou do mundo, que o deixou com tanta frequência, e das muitas maneiras que tropeçou. 'Inclui-me nisso também', diz Cristo, 'que estava no deserto e que os demônios que se enfureceram contra mim se afastaram'. Tais pensamentos despertam um senso de humildade em nós e são capazes de conter o demônio do orgulho" (PONTICUS, 1986: 33). Portanto, esse remédio funciona em nossa memória, devendo nos lembrar que, enquanto monges, estamos tão amcaçados quanto qualquer outra pessoa. Também devemos ter a consciência de que a nossa transformação não é nosso mérito, mas de Jesus em nós.

Há outra maneira de transformar nosso orgulho, quando a arrogância toma o lugar da autoestima saudável. O caminho para a cura é descobrirmos nosso verdadeiro eu. Mas esse verdadeiro eu não precisa ser mostrado ao mundo; não temos necessidade de impressionar ninguém.

C.G. Jung distingue o ego do eu: o ego sempre tem a necessidade de se apresentar, de se afirmar, de impressionar os outros. Já o eu, simplesmente está; não precisa provar a si mesmo. É *Die Ros ohn warum* ("A rosa sem motivo"), sobre a qual Angelus Silesius escreve: "A rosa é livre de motivos; floresce porque floresce, nada lhe importa, não quer saber se é vista" (Querubiano Andarilho I, 289).

O eu não pode ser descrito; ele está onde está, sem qualquer motivo. Parece parte do todo; parece um com as outras pessoas. Portanto, não precisa ser eliminado nem colocado acima. Em vez disso, desfruta da unidade com todos. Essa experiência de unidade com todos transforma a vaidade num senso de comunidade e liberdade. Jesus tinha essa experiência em mente quando disse em sua última oração, antes da morte: "Dei-lhes a glória que Tu me deste, a fim de que sejam um como nós somos um. Eu neles e Tu em mim, para que sejam perfeitos na unidade" (Jo 17,22s.). Nós devemos ser um como Jesus é um com o Pai. Devemos descer com Jesus às profundezas do nosso inconsciente, trazer tudo em nós para essa unidade com o Pai. Então, a unidade estará completa. O *ser um* era um anseio na tradição grega. A filosofia grega fala do um como a base de todo ser. Na profundidade, tudo é um com o outro. Quando participamos dessa unidade desaparece a necessidade de nos confrontarmos com os outros, de nos vangloriarmos diante deles ou de excedermos nossa medida. A experiência da unidade leva à perfeição. A palavra grega *teteleiomenoi* expressa uma profunda experiência mística: a experiência da unidade e do ser puro, na qual não há separação. E essa experiência mística transforma nosso orgulho.

Entretanto, há também o perigo de se passar da condição humana à grandiosidade espiritual. Isso ocorre quando alguém pensa que não precisa mais de relacionamentos com ninguém porque já se fundiu com o divino. Mas esta não é uma experiência verdadeiramente mística da unidade, e sim uma fuga da própria carência através da fusão com o divino. Ser um não significa se fundir, mas tornar-se um com o outro. É uma união na qual continuo sendo eu mesmo, e, como a outra pessoa, sou completamente humano, confrontado com meus erros, fraquezas e necessidades.

Quer gostemos ou não, pensamentos de arrogância sempre surgirão em nós. Involuntariamente gostamos de nos perguntar sobre os outros; nós os observamos; temos consciência de nossas habilidades que superam as deles. Na Idade Média havia reis que diziam para si mesmos: "Lembre-se de que você é mortal". Isso deveria libertá-los de sua arrogância. Outra maneira seria continuar se lembrando, diante da arrogância: "Eu sou apenas humano. Conheço meus erros e fraquezas". O encontro com nossa verdade nos salva do orgulho. No entanto, também há uma parcela de verdade no orgulho: acreditamos que todo ser humano é imagem única de Deus. Nesse sentido, todos são especiais. No entanto, trata-se de não colocar a minha particularidade acima da dos outros, porque todo ser humano é único.

Todos são uma imagem de Deus. Então, se eu quiser me elevar acima dos outros, devo me curvar a eles interiormente, porque eles também são uma imagem única de Deus. Há um mistério em todo homem, mesmo que eu ainda não o veja neste momento.

Ao ver em cada pessoa uma imagem única de Deus, evito confrontá-la; eu a honro e respeito. Ao mesmo tempo, sinto-me ligado a ela, porque todos somos criaturas de Deus e permanecemos unidos em nossa razão. Esse senso de comunidade e conexão dissolve o orgulho.

Raiva (*ira*)

Bernd Deininger

Ao longo da história humana o ser humano é abalado pela força elementar do mal, com agressões, utilizações inexplicáveis de crueldade, sangue-frio e calculista, sempre repetidos em homicídios e genocídios.

Ficamos chocados e perplexos com o horror do ódio sem sentido em países árabes e com a inatividade e indiferença da comunidade internacional organizada. Também é impossível esquecer dos horrores do Holocausto. Os termos raiva, ira, ódio, agressão e violência estão intimamente relacionados; diferindo apenas em nuanças, são intrínsecos ao ser humano.

O termo original "violência" é baseado na capacidade de se desfazer do que está no mundo. Se isso é legal ou não, não importa. Nesse sentido, a violência também está intimamente ligada aos conceitos de poder e dominação. O poder deve estar relacionado ao consentimento voluntário, mas se ele é determinado por uma vontade, passa a ter o caráter de força. Friedrich Hacker deixou claro em seu livro *Aggression* (Viena, 1971) que a violência nua é a manifestação visível, livre e isenta de agressão. Nem toda agressão é violência, mas toda violência é agressão.

Sigmund Freud lidou intensamente com o conceito de agressão e descreveu em sua obra *Além do princípio do prazer* (1920) a agressão como uma expressão do instinto de morte; isto é, uma pulsão que pertence ao dom primário do homem. Freud considerou esse impulso como uma força destrutiva, associada a termos como ódio, masoquismo, autodestruição e hostilidade.

O instinto de morte tem, segundo Freud, uma energia que se forma a partir da agressão. Enfrenta o instinto de vida, que trabalha com a libido e o *eros*. Segundo Freud, o instinto da vida (*eros*) e o instinto de morte (*thanatos*) atuam em tudo, até mesmo nas células. Ele concluiu que, além de se voltar para a vida, para o desenvolvimento e para a reprodução, todos os seres vivos também tendem a se esforçar para morrer de causas internas. Esse instinto de morte tem um aspecto autodestrutivo, pois é voltado contra o próprio indivíduo. Mas ele também poderá causar a destruição de outras pessoas. Kohut assinalou em sua tese da autopsicologia, que a criança, no processo de percepção da mãe como entidade independente, desenvolve uma agressão primária, não destrutiva, que estabelece uma demarcação, formando assim um senso de identidade.

No entanto, se as necessidades narcísicas vitais forem continuamente frustradas, tornam-se gravemente prejudiciais e fazem emergir uma raiva narcísica crônica, uma forma destrutiva de agressão.

Erich Fromm define dois efeitos da agressão humana. Por um lado, serve para defender interesses vitais e, assim, a vida. Por outro, mostra-se prejudicial, socialmente destrutiva e tendente à necrofilia. Segundo Fromm, a forma benigna nos seres humanos, bem como nos animais, é o seu próprio poder defensivo, destinado a eliminar uma ameaça. A forma maligna, por outro lado, não é utilizada como defesa; é uma crueldade vivenciada pelo atuante com prazer sádico. Fromm diz que esta não é um fato congênito, mas é decorrência de atos destrutivos e ameaças existenciais que a pessoa em questão sofreu sob certas condições.

Quando sentimentos de vazio e impotência são transmitidos a uma criança – por exemplo, quando há uma atmosfera de falta de alegria e conflitos na família –, ela tem sentimentos de morte e congelamento.

Os conceitos psicanalíticos de raiva se baseiam, portanto, na agressão primária do ser humano, que inclui aspectos construtivos e destrutivos. Os aspectos destrutivos surgem principalmente naquelas pessoas que foram traumatizadas em sua primeira infância. Nesse caso, a agressão destrutiva deve ser entendida como um produto da desintegração, criando espaço tanto para a autodestruição quanto para a destruição externa.

Quanto a gerar uma agressão construtiva ou destrutiva, depende essencialmente das experiências de relacionamento do indivíduo, do desenvolvimento de seu ego e superego, bem como da estabilidade de sua autoestima.

Os estudos da infância nos últimos anos mostram que a curiosidade da criança não se baseia no instinto agressivo de aspecto construtivo, mas sim na motivação autoafirmativa.

A atitude agressiva pode ser captada pela observação e pela imitação do que a criança vê; muitas vezes, a agressividade também é resultado de frustração. Ou seja, a agressão não está enraizada previamente na natureza da pessoa, mas nas circunstâncias externas e no comportamento dos indivíduos que a cercam.

Crises e rixas de relacionamento, disputas familiares e violência, bem como opções políticas são motivo de profundas frustrações em pessoas adultas. Os tratamentos psicanalíticos também revelam como os apegos da primeira infância desempenham um papel importante no desenvolvimento da agressividade destrutiva, raiva e ódio. Já a insegurança e a instabilidade na infância promovem tanto o potencial destrutivo da agressão quanto a capacidade de sofrer e suportar a agressividade.

A título de exemplo, trago um caso que mostra como a primeira infância influencia o surgimento do potencial agressivo, tanto contra o mundo exterior quanto contra o interior, no sentido de autodestruição e autoagressão. E também como ceder à vontade dos pais pode causar vergonha e raiva, com consequências duradouras no desenvolvimento da personalidade.

O Sr. R. procurou tratamento psicoterapêutico porque tinha distúrbios no trabalho e de sono. Além disso, ele relatou muitos problemas físicos, como desconforto respiratório noturno, taquicardia, ataques de tontura e dores de cabeça e, em situações de estresse, diarreia frequente. Profissionalmente, havia sido pastor em determinada Igreja. Tivera um relacionamento com uma mulher casada durante 3 anos, a quem conheceu no exercício de seu ministério, causando-lhe muito sentimento de culpa.

O Sr. R. cresceu em uma cidade pequena e era o mais velho de dois filhos, tendo uma grande rivalidade com o irmão. Seu pai era um arquiteto respeitado e administrou com sucesso um escritório de arquitetura. O Sr. R. nunca teve um bom relacionamento com ele, que o rejeitava e censurava por sua ingenuidade, considerando-o "burro demais" para as coisas que os homens faziam, de modo que não valeria a pena ensiná-lo. Por outro lado, seu pai tinha um bom relacionamento com o irmão mais novo. Levava-o ao escritório desde a escola primária, mandava que fizesse desenhos e levava-o em passeios de bicicleta; privilégios que o Sr. R. jamais teve.

Seu pai era um homem atraente e admirado por muitas mulheres. Quando tinha 14 anos de idade, ele o avistou andando com uma mulher loira de cabelo comprido no parque da cidade, e teve a impressão de que ele estava abraçado a ela.

Por causa da rejeição do pai, ele se aferrou à mãe, uma mulher tímida e religiosa. Seus interesses principais eram religião e igreja. Quando saía, era para ir aos eventos da igreja. Desde criança, ele a acompanhava regularmente. Lembra que seu pai o ridicularizava quando ele saía da igreja com sua mãe, dizendo: "Olha o filhinho da mamãe".

Ele fora emocionalmente influenciado pela história de sua avó materna, que morrera num acidente de trânsito. Na época, sua mãe tinha 8 anos de idade. Seu avô se casou novamente e sua madrasta a depreciava. Eles tiveram dois filhos; um deles nasceu quando a mãe do Sr. R. tinha 12 anos e o outro quando ela tinha 14 anos. A madrasta decidiu que ela deveria sair da escola (ensino médio). Logo depois saiu de casa. Na ocasião, conheceu o pai do Sr. R., com quem se uniu, pois era grata a ele porque lhe ofereceu uma casa e um "ninho". Era totalmente subordinada ao marido; deixava-o totalmente livre para ele fazer o que quisesse.

Ela costumava dizer ao Sr. R. que ele era a pessoa mais importante da vida para ela, e que sem ele não havia motivo para viver. Na puberdade, ele sempre teve a ideia de permanecer fiel à mãe para sempre.

Em conversas no final do ensino médio, sua mãe perguntava insistentemente a profissão que ele desejava seguir. Como era bom em matemática e física, estava interessado em ciências; mas na verdade queria ser engenheiro, provavelmente porque queria mostrar ao pai que, afinal de contas, era um homem de verdade. Mas estudou teologia, porque esse era o desejo da mãe.

Durante seus estudos teve poucos amigos, era solitário e tinha mais contato com o grupo de jovens da igreja. Lá ele desfrutou de reconhecimento e admiração. Nunca esteve presente em palestras sobre futebol, sexualidade e mulheres. Durante sua puberdade ficava interessado nas garotas, mas nunca se envolveu com nenhuma delas.

A partir dos 30 anos, ele passou a ter frequentemente, sem qualquer razão externa, grande sentimento de raiva. Isso se tornou tão forte, que ele passou a jogar objetos contra a parede, principalmente seus óculos.

Certa vez, ao pegar uma lente quebrada, ele cortou propositadamente a mão, para sentir a dor. Mais tarde, percebeu que as explosões de raiva eram frequentemente relacionadas a fantasias e necessidades sexuais. Por exemplo: quando ele evitava se masturbar, sua raiva não demorava a aparecer; quando participava de acampamento com o grupo de jovens e via garotas de 16/17 anos que achava atraentes, muitas vezes olhava para os seus seios, como se fosse por acaso, imaginando-as nuas. O resultado foi uma autopunição tão severa que ele, depois de levar seu pênis à ereção, o golpeava com uma mangueira de jardim. Muitas vezes isso lhe dava prazer.

Em seu aniversário de 40 anos, ele e sua mãe foram sozinhos a um restaurante de luxo, como se formassem um casal apaixonado. Aquela foi a última vez que estiveram juntos. Pouco tempo depois, ela saiu de férias com seu pai; o carro em que estavam derrapou numa pista molhada e colidiu com uma árvore, matando-a. Seu pai sofreu apenas ferimentos leves. O Sr. R. não admitia que seu pai falasse sobre a morte dela.

No processo terapêutico foi constatado que sua mãe teve exatamente o mesmo destino de sua avó; ela também morreu num acidente de trânsito, em viagem de férias e numa pista molhada.

Com a morte da mãe, a vida do Sr. R. mudou completamente. Por um lado, a perda dela o abalou; por outro, como ele disse mais tarde, livrou-o de um fardo, pois passou a sentir que poderia abordar mulheres sem sentimento de culpa.

Passados 2 anos da morte de sua mãe, seu pai se casou com uma mulher 8 anos mais nova. Depois de 5 anos, Sr. R. se relacionou sexualmente com uma mulher 10 anos mais nova do que ele, mãe de uma das crianças da congregação. Ao final de um culto, ela permaneceu no local, sob o pretexto de falar sobre determinado assunto. Após todos terem saído, ela se sentou sobre uma mesa, oferecendo-se sexualmente a ele. A partir daí eles passaram a ter contatos sexuais regulares, cada vez mais intensos e violentos.

Ele percebeu que, quanto maior fosse a violência, mais apaixonado era o contato sexual. Paralelamente ao aumento da agressividade à namorada, aumentaram as agressões a si mesmo. Ele batia em suas costas com um chicote até sangrar; batia no pênis com uma mangueira de borracha; gritava palavras obscenas, punindo-se com socos. Mas sentia que essas práticas lhe causavam alívio.

Numa noite de sábado, quando ele e sua namorada preparavam o culto de domingo, repentinamente ele jogou um vaso de flores no chão, despedaçando-o. Depois arrancou a roupa dela, jogando-a sobre o altar. Ela lhe disse que aquilo era especialmente prazeroso para ela, e que nunca havia experimentado um sentimento tão intenso de paixão. Após o ato sexual, ele bateu a cabeça várias vezes no altar, até sangrar. Eles passaram a manter contatos sexuais sobre a mesa do altar; isso o levava a ter uma sensação redentora e, ao mesmo tempo, forte. Depois de um desses encontros muito apaixonados, ele teve um sonho no qual sua mãe apareceu diante dele, dizendo-lhe que estava fazendo tudo certo e que estava arrependida de tê-lo privado das coisas boas da vida. Esse sonho se repetiu várias vezes.

O seu relacionamento com o pai melhorou. Então pôde lhe dizer por que sempre lhe chamava de "filhinho da mamãe". Disse que se sentia excluído por ele e pela esposa; que ela estava mais ligada a ele do que ao outro filho. Depois dessa conversa ambos passaram a conviver mais intensamente: seu pai passou a acompanhá-lo em partidas de futebol e nos bares.

Recordando, o Sr. R. crescera numa família de classe média. O relacionamento com sua mãe foi marcado por muitas ambivalências; ela o tomou para si e, assim, prejudicou seriamente seu desenvolvimento. A raiva e o desapontamento pela morte de sua mãe (avó do Sr. R.), que a "deixou", voltou-se para o filho. O pai não estava disponível para ele como um orientador masculino; ele o marginalizou, preferindo o filho mais novo; foi envergonhado e desvalorizado. Esse constrangimento e a desvalorização por parte do pai levaram-no a se aproximar cada vez mais da mãe; que, no entanto, usava-o como objeto de autoafirmação, de modo a encontrar um significado para sua própria vida. Estando perto da mãe, ele nutria ódio do pai e do irmão. A proximidade da mãe e o uso emocional por parte dela não lhe deram oportunidade de se desenvolver como homem. Quando, na adolescência, tinha impulsos sexuais, típicos da idade, ele os vivenciava com sentimento de culpa, especialmente porque levavam a sentimentos incestuosos com sua mãe.

No processo terapêutico ele percebeu que muitas vezes desejava estar no lugar do pai, porque achava que poderia deixar sua mãe mais feliz. A sensação de ter que ser fiel à mãe teve sua origem nisso; ou seja, ele não poderia se aproximar por nenhuma outra mulher. Seus desejos sexuais foram reprimidos e transferidos para sintomas físicos, com distúrbios no trabalho e a dificuldade de autocontrole. Quando se permitiu o primeiro relacionamento sexual após a morte da mãe, a paixão e a luxúria permaneceram ligadas à autodestruição e à autoagressão. Nessa primeira relação ele teve simultaneamente sentimentos de proximidade e ódio, e um ódio essencialmente autodestrutivo.

No relacionamento com a mulher casada, ele teve a primeira experiência de masculinidade, o que lembrava seu pai. Através de sua sexualidade apaixonada, ele chegou, em sua imaginação, perto da experiência emocional do pai; mas, ao mesmo tempo, sentiu o lado hostil e negador da luxúria, ao qual estava fortemente ligado. A experiência prazerosa foi confrontada com sentimentos de vergonha e a lembrança da escola, que o aproximaram da mãe.

O fato de ter experimentado sua luxúria – e justamente na igreja, no altar – mostra que ele queria expor sua vida luxuriosa a Deus. Ele desejou ser aceito e reconhecido pelo Deus paternal, mostrando sua vergonha.

A mensagem do sonho com a mãe fez-lhe sentir que poderia ser reconhecido e amado por seu criador, com seu lado lascivo, sem ser condenado. O fato de que a amante pertencia a outro homem reviveu nele o relacionamento inicial entre o pai, a mãe e ele. Sr. R. experimentou o relacionamento entre pai e mãe como um intruso. Quando isso ficou claro para ele, pôde terminar o relacionamento com a amante.

Os medos de morte e aniquilação que lhe vieram das histórias da avó materna e da mãe e o medo de sofrer um destino semelhante foram dissolvidos na medida em que se desembaraçava de sua relação emocional com a mãe e de sua identificação com ela. No processo terapêutico, ele conseguiu vivenciar um vínculo confiável, que estabilizou significativamente sua autoestima. O sentimento de não ser desvalorizado por experiências vergonhosas deu-lhe condições para desenvolver uma identidade masculina mais coerente. Também mudou sua imagem de Deus, que passou de um Deus punitivo e excludente a um Deus que o ama e aceita com todas as suas falhas e fraquezas.

Nesse contexto, era importante que o relacionamento com o pai fosse positivo, a ponto de fazê-lo sentir-se um igual perante ele. O relacionamento com o irmão, que vivia fora da Europa, continuou difícil. Devido à segurança adquirida, ele foi capaz de manter um contato aberto com o pai. Acabaram-se as crises autoagressivas e as agressões contra o mundo.

Agressão e raiva, bem como os aspectos autodestrutivos que o Sr. R. desenvolvera para afirmar uma expressão direta e elementar de uma força fundamental da vida – ou seja, descrevê-la como um instinto primitivo de agressão, ou essencialmente atributo do narcisismo – podem muito bem nos dar uma explicação causal e simples, mas não ajudam no trabalho prático. A experiência terapêutica mostra que a vergonha existencial leva ao uso emocional dessa vergonha como um *self-objeto*, bem como a injustiça de se definir como não é, atribuir a si fatores que não são próprios, autodepreciar-se e autopunir-se. O processamento desses sistemas iniciais pode levar a uma nova forma de relacionamento com Deus por meio de um vínculo estável.

* *

Anselm Grün

Em sua pintura *Os sete pecados capitais*, Hieronymus Bosch retrata a raiva com bêbados discutindo entre si. Obviamente, o álcool inflama a raiva, e as pessoas nessas condições se agridem, lutam entre si. Em outras imagens, a raiva é retratada como um guerreiro com uma espada desembainhada; outras vezes ele aparece com uma tocha acesa na outra mão. A raiva pode ser como o fogo, que pode incendiar tudo. Esse sentimento também foi muitas vezes representado por um animal; por exemplo, leão ou urso.

A língua alemã faz distinção entre raiva (*Zorn*), fúria (*Wut*), rancor (*Groll*) e amargura (*Bitterkeit*). Porém, muitas vezes são usadas como sinônimos. A raiz linguística de raiva (*Zorn*) deriva de *zeran*, que significa rasgar. Raiva é praticamente o mesmo que fúria (*Wut*), que remonta à palavra gótica *wods*, que significa bravo, obcecado, furioso. A palavra fúria também está relacionada ao deus germânico Wotan, que é um deus furioso. Rancor (*Groll*) vem de exclamar (*grellen*) e originalmente significa urrar de raiva (*vor Zorn brüllen*). Amargura originalmente vem de *morder* (*beissen*) e significa sabor picante, rascante. Ela enche o ser humano de um gosto amargo, desagradável, cortante. As quatro palavras citadas definem estados internos que se manifestam externamente. Quem está cheio de raiva fica com o rosto vermelho; quem se enfurece não se controla, é imprevisível. Hoje usamos o termo racor mais como um um sentimento que nos domina, mas originalmente significa quando alguém que quer urrar de raiva, mas se reprime. Assim, seu coração fica cheio de rancor. A amargura dá ao ser humano um gosto amargo que faz todos à sua volta perceberem. Ninguém quer estar perto de uma pessoa amarga; isso não nos faz bem.

A raiva é uma forma de agressão, que, em si, é uma força positiva, regulando a relação entre proximidade e distância. Mas ela também pode nos dilacerar interiormente. C.G. Jung vê na raiva o perigo de levar o homem a uma divisão interna. Já no século IV, Evágrio Pôntico descreveu primorosamente a psicologia da raiva: "A raiva é a mais violenta das paixões, um alvoroço da parte suscetível da alma, dirigido contra alguém que feriu ou a pessoa acha que feriu. Irrita sem parar a alma dessa pessoa e vem à tona principalmente durante a oração, trazendo à mente a imagem do suposto agressor. Às vezes, por longo tempo, transforma-se em ressentimento que chega a causar sofrimentos durante a noite. Enfraquece o corpo. Causa fastio, a pessoa empalidece, fica cada vez mais atormentada por imagens oníricas, como ataques de animais selvagens e venenosos. A pessoa percebe que esses efeitos de seu rancor acompanham muitos de seus pensamentos" (PONTICUS, 1986: 11). John Eudes Bamberger, abade de um mosteiro trapista americano e ex-psiquiatra, diz que "Esta descrição interessante e precisa da dinâmica da raiva desproporcional é certamente vivenciada por aqueles que estão familiarizados com o processo de certas formas de esquizofrenia" (In: PONTICUS, 1986: 73). A raiva também pode nos dividir interiormente. C.G. Jung diz que às vezes a raiva é tão forte, que o ego não pode se defender contra ela. Ele observou muitas vezes essa situação no início dos processos de esquizofrenia (cf. JUNG. *GW*, vol. 8: 100). A "raiva violenta" pode levar a ilusões que bloqueiam o pensamento humano.

Mas Evágrio também fala da "raiva justa": "Podemos ficar com raiva quando nos voltamos contra os demônios e quando resistimos aos prazeres" (PONTICUS, 1986: 24). Ela pode ser uma "força positiva" quando nos voltamos contra pensamentos negativos. Também pode ser o poder de nos distanciarmos de alguém que invade o nosso espaço; nesse caso, é a energia que defende nosso território.

Jesus demonstrou duas vezes a raiva justa. Uma se refere aos vendilhões do templo: Ele foi ao templo e lá constatou a presença de negociantes, cambistas e bancas de animais para sacrifício. Ele derrubou as bancas e expulsou os mercadores. "Fez um chicote de cordas e expulsou todos do Templo, com as ovelhas e os bois; esparramou no chão o dinheiro dos cambistas e derrubou as mesas" (Jo 2,15). Era preciso uma grande força para expulsar os comerciantes e cambistas com o gado e as ovelhas. Na ocasião Jesus disse: "O zelo de tua casa me consome" (Jo 2,17). Trata-se de uma ira sagrada que luta pela dignidade do templo. Nesse caso, a ira de Jesus não foi dirigida contra pessoas concretas, mas contra condições que Ele não podia tolerar porque ofendiam a dignidade do templo. A raiva pode, portanto, ser zelosa pelo bem, é a luta pela vida. E para que isso ocorra, muitas vezes faz-se necessário o poder da agressão.

A outra história é por ocasião da cura do homem com a mão ressequida. Os fariseus observavam Jesus; queriam saber se Ele iria curar no sábado, transgredindo assim a lei judaica. Jesus, sabedor da cilada, perguntou-lhes: "'É permitido fazer o bem ou o mal no sábado? Salvar uma vida ou matar?' Mas eles ficaram calados" (Mc 3,4), mantendo um silêncio gelado, atrás do qual estava a sua ideia de justiça. Reagindo a isso, "Jesus passou sobre eles um olhar indignado e triste com a cegueira dos seus corações. Depois disse ao homem: 'Estende a mão'" (Mc 3,5).

Jesus não gritou com os fariseus; não se sobrecarregou de fúria. Nesse caso, a raiva foi o poder de se distanciar dos fariseus. Eles permaneceram lá com a dureza de seus corações, mas isso era problema deles. Jesus não deu poder a essa dureza; sua raiva o distanciou dos fariseus, mantendo-se liberto do poder deles. Ele transformou sua raiva em força nítida, não deixando os fariseus ditarem o que Ele deveria fazer, mas fazendo o que o seu coração pedia. Além da raiva, o sentimento de tristeza é mencionado nessa passagem, que em grego é chamada de *syllypoumenos*. Jesus se apieda dos fariseus, percebendo a dor que aquela arrogância lhes causava. Ele teve compaixão deles e quis lhes estender a mão, mas eles não aceitaram, saindo em silêncio e com a decisão de matá-lo.

Aqui, a raiva de Jesus consistiu no poder de romper com o poder dos fariseus e fazer o que Ele entendia como sua missão perante Deus. Em sua ira contra os fariseus, que o acusavam de infligir a lei, Ele simplesmente se dirigiu ao homem que tinha a mão ressequida e lhe disse, cheio de força: "Estende a mão!" Foi preciso o uso de "agressão", de vigor para moldar aquele homem, para não torná-lo apenas um espectador. Jesus quis ver aquele homem ativo, com pleno poder, e o tomou em suas mãos.

A raiva tem diversos aspectos, como ressentimento, fúria, amargura e até mesmo ódio, com uma energia específica em cada um deles. Nosso trabalho é fazer que essa energia seja frutífera para nós, e isso só é possível se transformarmos nossa raiva. Explico brevemente como essa transformação é possível.

Não se trata de suprimirmos nossa raiva, mas também não podemos deixar que ela nos domine, pois assim prejudicaríamos outras pessoas e também nós próprios. A questão é transformar a raiva numa força positiva, pois nela há uma grande energia que precisamos para a nossa vida. E para isso necessitamos fazer perguntas a respeito de nossa raiva.

A raiva que sinto é justificável? Ela se rebela contra algo que atrapalha minha vida? Ou é apenas uma expressão de meu ego ferido que reage porque meus desejos infantis não foram satisfeitos? No primeiro caso, a questão é transformar a raiva numa estratégia para defender o que promove a vida. No segundo caso, como explica Bernd Deininger, trata-se de reconhecer as causas da raiva exacerbada para "redefinirmos nosso embaraço existencial, o uso indevido de nossa emoção". Esse trabalho pode dissolver lentamente a forma destrutiva e negativa da agressão, transformando-a em força positiva.

Certa vez uma jovem policial me disse que há pessoas idosas, com idade para ser seus avós, que reagem furiosamente quando ela as obriga a estacionar seu veículo para fazer inspeção.

Essa raiva é a expressão do desejo infantil de não ser barrado. O fato de que a polícia atua para proteger a vida não interessa a esses cidadãos furiosos. Seus desejos infantis estão em primeiro plano, e eles acham que têm razão ao agirem com raiva, porque passam a considerar a polícia como inimiga; sentem-se no direito de brigar com a polícia porque ela incomoda seu desejo de liberdade absoluta. Mas essa falsa justificativa apenas esconde sua infantilidade.

Nesses casos, a policial necessita da raiva para se proteger do abuso verbal; a raiva passa a ser um escudo protetor dos ataques. Ela é transformada em poder, e isso se torna benéfico. Não é um poder dirigido contra os outros, uma luta contra alguém; pelo contrário, torna-se uma proteção pessoal. E se a raiva protege a pessoa do ataque dos outros, ela convida a penetrar no espaço interior do silêncio, que não pode ser penetrado pela ira ou pelos ataques deles.

A raiva tem a tarefa positiva de nos tirar da vitimização. Há pessoas que preferem se manter na posição de vítima, sempre atribuindo a culpa aos outros. Obviamente, também podemos ser vítimas de injúrias, calúnias etc. Mas é importante aceitarmos o fato, e ponto-final, sem ficarmos nos vitimizando. É preciso dizer adeus a isso; caso contrário, uma energia agressiva – mas destrutiva – passará a emanar de nós. Precisamos transformar nossa energia agressiva em energia positiva, sendo que a raiva é um bom meio para abandonar o papel de vítima. Assim, posso dizer para mim: eu não me deixo destruir nem ser destruído por aquele que me magoou; quero viver por mim mesmo, levando minha vida por conta própria. Dessa forma minha raiva é transformada na ambição de provar ao outro que posso viver por mim, que posso fazer algo em minha vida, e que ele não tem o poder de destruí-la.

É importante mencionar que a raiva geralmente é uma reação ao sentimento de inferioridade. Mas não devo ficar lamentando esse fato, mas tomá-la como uma energia que me põe em contato com o meu poder interior, e assim eu possa tomar a minha vida em minhas mãos e seguir o meu caminho. A raiva me motiva a não deixar que outros arruínem minha vida. Mando embora aqueles que me magoaram e fecho a porta para eles; em "minha casa" não penso neles. Assim, a raiva pode ser transformada em força protetora, defendendo-me de tudo o que me prejudica e interfere em minha vida. A raiva não me cega, pois eu a transformo em "agressão visível", em poder que olha de perto para distinguir o que me serve daquilo que não me convém.

Os salmos trazem excelentes indicações de como podemos transformar raiva em poder. Eles nos mostram claramamente como é possível transformar a raiva em júbilo. Muitas vezes o salmista expressa sua raiva contra os inimigos que o combatem, mas, em sua raiva, sempre se volta para Deus, deixando que Ele cuide do destino dos malfeitores. Em sua ira, não luta contra os inimigos, pois sabe que Deus lhe fará justiça. O salmista expressa sua raiva em calorosas imagens: "Fiquem confundidos e desacreditados os que atentam contra minha vida! [...] O caminho deles seja tenebroso e escorregadio, quando o anjo do Senhor os perseguir!" (Sl 35,4.6). Então ele se volta para Deus e o louva por sua misericórdia: "Exultem e alegrem-se os que querem para mim a justiça, e digam sem cessar: Grande é o Senhor, Ele quer o bem-estar de seu servo!" (Sl 35,27). A oração é um caminho para o salmista expressar todos os sentimentos de raiva e fúria diante de Deus. A expressão de sua raiva pode transformá-la, mas, acima de tudo, ela é transformada pelo olhar de Deus. Não posso simplesmente usar Deus para lutar por mim; tenho apenas de deixar o veredicto para Ele. Faço-lhe meu pedido, não para que Ele resolva os meus problemas, mas para que me ajude. Então, a raiva é transformada em confiança e regozijo, um júbilo poderoso motivado pelo poder da raiva.

Se não transformamos nossa raiva, permitindo que ela nos governe, isso poderá se transformar em ódio ou amargura, e assim ficaremos contra tudo e contra todos; internamente amargos. Bento de Núrsia dizia que o costume de "resmungar" é um grande vício dos monges. Ao murmurar, expresso minha insatisfação, raiva e irritação contra as circunstâncias em que vivo. Mostro que não estou preparado para conviver com a comunidade e com as circunstâncias da vida, como o frio ou o calor; em suma, com as condições concretas de vida. Até mesmo a comida passa a ser motivo de insatisfação. Quem resmunga está contra tudo, e quanto mais resmunga, mais amarga fica. É uma pessoa que vive insatisfeita, mal-humorada, irritadiça, tornando-se inconvivível. A questão a ser levantada é: O que está por trás desse estado de ânimo? Pode derivar de desejos imaturos, do não entendimento daquilo que vê, da incapacidade de dizer "sim" para si mesmo etc. Por estar em discordância interior, projeto no mundo exterior a minha não aceitação: É por tua causa que não me sinto bem. Mas ao projetar os meus sentimentos reprimidos, não me liberto do embaraço, não me desenvolvo, permanecendo em minha imaturidade. A renúncia aos resmungos indicaria que estou aprendendo lentamente a reconciliar comigo mesmo em minhas discordâncias e com as circunstâncias nas quais vivo. Dizendo adeus aos desejos imaturos de uma terra de leite e mel, tenho muito mais a ganhar.

Bento de Núrsia indica aos monges duas maneiras de eliminar o vício do resmungo. Ele mostra reiteradamente que esse vício decorre geralmente da não realização daquilo que se espera do ambiente. Em tais casos, se um mosteiro não dá aos monges a quantidade normal de comida e bebida, "os irmãos que moram lá deveriam louvar a Deus, em vez de reclamar. Acima de tudo, pedimos que te abstenhas dos resmungos" (*RB*, 40,8s.). Ao louvar a Deus em meio a problemas e apertos, o humor muda. O resmungo é dissolvido em outra emoção, porque louvar a Deus expande o coração e deixa que outros sentimentos fluam para ele, em vez da amargura dos resmungos.

A outra maneira de combater esse vício é descrita por Bento de Núrsia capítulo 34 de sua Regra, ao abordar a questão das necessidades: "Quem precisa de menos, agradeça a Deus e não se entristeça. Quem precisa de mais, que seja humilde por causa de sua fraqueza e não arrogante por causa da misericórdia que recebe. Assim, todos os membros da comunidade estarão em paz" (*RB*, 34,3-5). Costumamos resmungar diante de necessidades não atendidas. Diante disso São Bento dá sábios conselhos: devemos reconhecer nossas necessidades, mas com toda humildade, não fazendo exigência alguma; podemos observar nossa necessidade, mas não temos direito à satisfação dela. Aqueles que têm menos necessidades devem agradecer a Deus por isso; não se comparando aos outros, vivendo bem consigo mesmo e agradecido pelo que Deus lhe dá. Mas essa gratidão não deve levá-lo a anular os outros que precisam de mais; em vez disso, ele deve aceitar os outros em sua carência e dar-lhes aquilo de que precisam para viverem em paz interior.

Bento não só combate os resmungos que envenenam a comunidade. Ele é realista o suficiente para saber que seus monges, apesar de todas as atividades espirituais, sempre são atormentados pela raiva. Em três passagens de sua Regra ele recomenda antídotos para esse sentimento. As duas primeiras estão no capítulo 4. "Não permitas que tua ira chegue às vias de fato" (*RB*, 4,22). Não podemos impedir que a raiva apareça em nós, mas não devemos deixá-la se tornar uma ação. Isso significa que não devemos expressar nossa raiva em insultos ou ações contra o próximo.

A segunda maneira é semelhante: "Nunca cedas ao desejo de vingança" (*RB*, 4,23) – Em latim: *Iracundiae tempus non reservare.* A raiva emergirá em nós, mas não podemos "lhe dar corda"; não podemos nos entregar a fantasias de vingança e imaginar que podemos lançar palavras iradas ao irmão ou arquitetar uma maneira de prejudicá-lo. Tais ideias nos enfraquecem e dão força à raiva.

A terceira maneira que Bento propõe está relacionada à ira do outro: "se um irmão está com raiva de ti e interiormente irritado, deves te jogar no chão na frente dele e ficar no chão até que a irritação seja curada pela bênção" (*RB*, 71,8). Isso parece exagerado e dificilmente praticável atualmente. Mas a última observação é importante para mim: "*usque dum benedictio ne saneturilla commotio*" = "até que a irritação seja curada pela bênção". A bênção pode superar a ira do outro. O próprio Jesus deu um conselho semelhante: "Falai bem dos que vos maldizem e orai por quem vos calunia" (Lc 6,28). Se eu abençoar aquele que me amaldiçoa, que está com raiva de mim e me insulta, a bênção pode curar sua raiva. Primeiro de tudo, a bênção me cura; não fico preso à raiva em relação ao outro. Não julgo o outro porque ele me prejudicou e nem por suas palavras ásperas; estando sossegado, envio-lhe uma bênção. Esta não faz o outro perceber sua culpa e sua raiva, mas o permeia para que possa se reconciliar consigo mesmo. A bênção acalma a irritação do outro, e se ele ficar em paz consigo mesmo irá me abordar de outra maneira, e eu a ele. Assim, a bênção sempre pode curar a raiva.

Evágrio dá um conselho, retomado por Bento em sua Regra (*RB*, 4,73): "Não deixes que o sol se ponha sobre a tua raiva, se não os demônios virão durante o sono para te assustar e acovardar no dia seguinte, pois as ilusões noturnas geralmente surgem através da influência agitada da ira. E nada torna o homem tão disposto a desistir de sua luta, como se não conseguisse controlar suas emoções" (PONTICUS, 1986: 21). Evágrio utiliza essas palavras em referência a Ef 4,26: "Não deixe a ira levar você ao pecado! O sol não deve perecer sobre sua ira". Evágrio não interpreta esse verso de forma moralizante, mas psicológica: não faz bem à alma dar espaço à raiva da noite porque isso afeta os sonhos negativamente. Sonhos carregados alteram o poder da pessoa no dia seguinte. O próprio Bento observa esse verso tendo em mente um efeito concreto: "Faz as pazes com o teu opositor antes do pôr do sol" (*RB*, 4,72). Sempre fiquei impressionado com a maneira pela qual nosso mestre de obras, o Irmão Balduin – que nem sempre era amável com os irmãos construtores –, levou a sério essa sentença da Regra. Certa noite ele chamou para conversar um confrade com quem tivera uma discussão. Isso o impediu de ficar amargo na difícil tarefa de liderar os diferentes artesãos.

As maneiras pelas quais a tradição espiritual evoluiu para transformar raiva, ressentimento e amargura sempre levam à transformação do homem. Não se trata apenas de controlar o sintoma da raiva, mas de lidar com essas paixões para que elas não nos controlem, não se tornem "pecados capitais", mas nos transformem. Ao lidar com as paixões devemos nos abrir para a vida de Deus em nós, que está cheia de poder e paixão; porém, uma paixão que não cria sofrimento, mas serve à vida e a suscita em nós e nos outros bons sentimentos. Quando observo o Irmão Balduin, de 96 anos, reconheço nele, lembrando-me das recomendações de Bento para lidar com a raiva, um homem transformado, que se tornou sábio e gentil. Ele experimentou raiva e ressentimento em seu coração, mas não se permitiu ser governado por isso; passou por isso para se tornar cada vez mais permeado pelo Espírito de Jesus.

Avareza (*avaritia*)

Bernd Deininger

A ganância é, de certa forma, a base de muitas paixões e impulsos que se mostram na vida humana. Seja pelo desejo de comer e beber bem, de ficar rico ou obter poder e prestígio, de ser amado e desejado – em tudo isso, a ganância, a avidez pela vida, sempre é a força-motriz.

O que significa isso? O homem deseja algo, almeja algo, precisa de algo. Temos que preencher algo dentro de nós; caso contrário, ficamos vazios. Nossa existência física depende do alimento; sem comida nós morreríamos. Por isso, a fome é o instinto mais forte, além da sede. Dependemos do alimento de duas maneiras: fisicamente, pela comida, e mentalmente, através do contato, afeição e apego. Assim como absorvemos, digerimos e processamos a comida – e com isso nosso corpo se desenvolve e cresce –, também absorvemos afeto espiritual, proximidade e amor, que, digeridos como alimento espiritual, criam nossa estrutura espiritual; analogamente ao desenvolvimento físico são transformados em desenvolvimento psíquico.

Se o alimento mental não é suficiente, a ganância pode se desenvolver, levando a todos os tipos de vício, à dependência patológica; por exemplo, de uma droga, de comida, de sexualidade em excesso etc. Particularmente marcante é a ambivalência entre o ter e o não ter, a ganância e a defesa contra a ganância no que diz respeito aos transtornos alimentares. O bulímico sobrecarrega o estômago, como se estivesse morrendo de fome; é ganancioso, compulsivo. O anoréxico, por outro lado, rejeita a comida, acha que pode ser contaminado pela ingestão e teme o vício. O anoréxico não é ganancioso. Mas, se olharmos mais de perto, isso mostra que, por trás da defesa contra a ganância, esconde-se a ganância mais violenta. Muitas vezes esta chega a verdadeiros ataques compulsivos, levando a pessoa a fazer secretamente o que é oculto à vista dos outros. Após a ingestão compulsiva de alimento, ela força o vômito. Os distúrbios de relacionamento precoces na tenra infância, geralmente entre a mãe e o bebê, bem como a falta de alimento afetivo, costumam ser os causadores desses desequilíbrios.

Mais difícil de entender é a questão da curiosidade (*Neugier*), a ganância (*Gier*) por algo novo (*neu*). A curiosidade é uma propriedade natural e básica do ser humano, fazendo parte de seu desenvolvimento. Provavelmente os humanos, sem a curiosidade exploratória, ainda habitariam em cavernas escuras, como na Idade da Pedra. Como seres naturais, queremos sobreviver; como seres culturais, queremos viver confortavelmente. Portanto, a partir do desenvolvimento cultural, as pessoas não só fizeram armas úteis para caça e defesa, mas se esforçaram sempre mais para tornarem seu ambiente atrativo; pela pintura, música, dança e literatura. A curiosidade é, portanto, um patrimônio natural e indispensável como um fator cultural da nossa sobrevivência e bem-estar.

Uma pessoa curiosa é impulsionada por um desejo interior de descobrir e experimentar algo novo. No entanto, a curiosidade, assim como a ganância, é inerente à natureza impulsiva do desejo. É divertido descobrir algo novo; aliás, o momento em que isso acontece é extremamente prazerozo. Nesse sentido, a curiosidade é naturalmente entendida como uma paixão positiva, produtiva e criativa; portanto, ela contribui significativamente para o desenvolvimento cultural, e também se aplica a paisagens, países e pessoas. A curiosidade, portanto, familiariza o estranho. O "proibido" perde seu efeito assustador.

Ela desempenha um papel muito importante no início do nosso desenvolvimento psíquico, e, em crianças pequenas, é muito focada na sexualidade, especialmente no contexto do pensamento e do desenvolvimento da linguagem. Portanto, essa curiosidade é frequentemente suprimida pela vergonha já incutida na mente dos adultos que as cercam. As crianças querem saber de onde vêm, o que elas têm da mãe e do pai. Elas pesquisam, pensam e desenvolvem fantasias e hipóteses muito específicas sobre como os seres humanos surgem. Essas fantasias e pensamentos têm um caráter criativo, através do qual elas se sentem independentes do mundo exterior e completam seu mundo interior. Se as perguntas feitas por elas se depararem com esquivas e barreiras, se elas não obtiverem respostas, especialmente em questões de sexo, ficarão acomodadas e não farão mais perguntas sobre o assunto. Pode ser que percebam a vergonha, a repugnância e a culpa dos adultos, passando a desenvolver esses elementos em si mesmas; isso também lhes poderá ocasionar o sentimento de constrangimento, levando-as ao desenvolvimento de inibições e medos.

Uma criança não se desenvolve quando se acomoda e não tem curiosidade para entender o mundo. Em resumo, isso significa que a curiosidade inicial baseada na sexualidade deve ser satisfeita por uma abordagem aberta e honesta às questões correspondentes, porque, sem uma sexualidade liberada não haverá mais curiosidade e, em última análise, não haverá mais interesse em querer entender o mundo em sua totalidade. Portanto, do ponto de vista psicanalítico, pode-se dizer que a curiosidade gera efeitos duradouros em duas fases do desenvolvimento psicossexual.

As fases oral e fálica – isto é, os atos de sugar e penetrar – são estágios preparatórios da futura vida sexual, tanto para meninos quanto meninas. Além de absorver algo físico, a criança também precisa captar, explorar e inteirar-se de fatos e assuntos.

A curiosidade sobre relacionamentos no mundo se desenvolve mais intensamente na adolescência, quando o interesse sexual infantil recua. Com o mesmo entusiasmo que a criança explorava o mundo da sexualidade, o adolescente explora o mundo da realidade. Isso acontece com o acúmulo de conhecimento, a leitura, o envolvimento com a natureza e experiências novas. Nesse sentido, a curiosidade é um motor importante para o interesse intelectual; é uma busca constante, cheia de energia, impulso instintivo e teste dos limites. É a hora superar sucessivamente as fronteiras e desencadear novas buscas entusiásticas e apaixonadas.

Erich Fromm estudou a natureza da posse. Ele descreve que a existência do *ter* origina-se da propriedade privada. Nesse modo de existência, a única coisa que conta é a apropriação e o direito irrestrito de manter o objeto adquirido. A orientação implica excluir outras pessoas, e só interessa ao indivíduo manter seus bens ou utilizá-los produtivamente. No budismo, essa atitude é chamada de ganância; na tradição judaica e cristã, de cobiça. Daí se poderia concluir que a cobiça/ganância toma tudo e todos os objetos como posse. Para Fromm, a necessidade de ter algo a longo prazo é baseada numa ilusão que pressupõe uma substância indestrutível, imperecível. Quando uma pessoa parece ter tudo, na realidade não tem nada, porque o possuir/ter/controlar um objeto é apenas um momento passageiro no processo da vida.

A necessidade de possuir está no desejo biológico de sermos a base de tudo; temos a tendência de lutar por uma espécie de imortalidade. Mesmo sabendo que vamos morrer um dia, muitos de nós sempre buscaram meios de se sentirem imortais. Essa tendência se apresenta de várias formas ao longo da história.

Os faraós egípcios acreditavam que seus cadáveres sepultados nas pirâmides eram imortais; os caçadores acreditavam em terrenos de caça eternos; o cristianismo e o islamismo foram moldados na ideia de um paraíso. Nas sociedades modernas, o anseio pela imortalidade é tal, que muitas pessoas procuram deixar algo, seja uma conquista cultural ou uma propriedade que possa ser herdada.

Se o meu *eu* consiste nas coisas que possuo, sou, em certo sentido, imortal, pois elas têm um caráter indestrutível. Do antigo Egito ao nosso tempo – da imortalidade física através da mumificação do corpo para a imortalidade legal de um testamento – um ser humano pode permanecer "imortal" além de sua expectativa de vida.

A fim de entender melhor o modo de existência do *ter*, citar uma significativa descoberta de Sigmund Freud: todas as crianças, após uma fase de desenvolvimento, na qual são mais passivas, chegam a um estágio no qual incorporam agressivamente tudo a que têm acesso. Em seguida ocorre uma fase que Freud chama de anal-erótica. Ele considerou esse período muito decisivo para o amadurecimento do ser humano. Nesse estágio pode surgir o hábito de retenção anal, caracterizado pelo foco do indivíduo na posse, economia, acumulação de dinheiro e outras coisas materiais. Esse tipo de procedimento pode ser atribuído ao avarento; muitas vezes associado a uma medida pronunciada de ordem e pontualidade. Freud considerou importante reconhecer a conexão simbólica entre dinheiro e excremento (ouro e sujeira). Ele frisa que essa "atitude anal" não atingiu o estágio de maturidade mental. A equação de Freud (dinheiro = fezes) significaria, com relação à época atual, que grande parcela da sociedade burguesa permanece imatura porque absorve mecanismos sociais que consideram a matéria e o dinheiro como o que há de mais importante, dando espaço à ganância. A visão de Freud é de que a prevalência da propriedade é característica do período anterior à maturidade plena; por isso, deveria ser considerada patológica a permanência dessa atitude na idade adulta. Em outras palavras, para Freud, o ser humano, preocupado exclusivamente com suas posses, é psicologicamente doente e neurótico; ou seja, para grande parte da sociedade ocidental moderna, a predominância é continuidade da fase anal, que, nesse caso, pode ser considerada doentia.

Eu gostaria de acrescentar e frisar também o lado oposto da retenção da propriedade; ou seja, o ascetismo, constantemente voltado à resignação e à renúncia. Geralmente, nada mais é do que outro lado do desejo violento de posse e consumo. O asceta pode ter suplantado muitos desejos, mas, na verdade, está apegado aos seus esforços ininterruptos para suprimir a posse e o consumo, e a psicanálise mostra que a negação requer supercompensação. Em nossa época há muitos exemplos disso: vegetarianos fanáticos que incrementam intensamente seus aspectos destrutivos; opositores do aborto que não querem nem são capazes de lidar com suas ideias assassinas; fanáticos éticos e virtuosos que não querem reconhecer suas tendências pervertidas... O que importa não são as convicções, mas o fanatismo pelo qual elas são expressas. Qualquer atitude extrema sugere que essas atitudes são usadas para desviar impulsos opostos.

Karl Abraham estendeu a explicação de Freud sobre a questão anal. Ele diz que, num indivíduo do sexo masculino, se a libido não progredir totalmente para o nível genital, ou se regredir do estágio genital para o anal, ocorrerá diminuição de sua atividade sexual. Também diz que, em indivíduos com genitalidade mais ou menos prejudicada há uma tendência inconsciente de classificar a função anal como uma atividade produtiva, como se o desempenho genital fosse insignificante e o anal muito mais significativo. Abraham descreve isso como estando relacionado ao comportamento social, de modo que tais indivíduos são fortemente ligados ao dinheiro. Eles gostam de dar dinheiro ou outras coisas valiosas, tornam-se patronos ou benfeitores. Abraham prossegue dizendo que, em casos pronunciados de "retenção anal", quase todas as relações de vida são feitas do ponto de vista do apego, da doação ou da posse. Ele imaginou um lema para essas pessoas: "Quem me der é meu amigo; quem exige algo de mim é meu inimigo!" Abraham fala de um paciente que lhe disse, durante o tratamento, que não conseguia ter um sentimento amigável por ele, o que pode ser explicado assim: desde que eu tenha de pagar alguma coisa a alguém, não poderei ser amigável para com ele.

Para Abraham, o aspecto anal mais comum – a relação especial com o dinheiro – é mais bem representado pela fragilidade ou avareza. No entanto, pessoas com caráter anal também são capazes de supervalorizar libidinosamente tudo o que possuem. É difícil para elas se separarem de itens de todos os tipos, mesmo que não tenham valor monetário ou qualquer outro valor. Pessoas com estrutura anal recolhem todo o tipo de coisa, entulhando porões e sótãos, muitas vezes sob o pretexto de eventualmente precisar de algo. Segundo Abraham, existe um desejo pela quantidade de material acumulado, desejo de reter o conteúdo intestinal ou desejo de retardar a defecação.

Em resumo, Abraham afirma que o acúmulo de propriedade, a avareza e o pedantismo representam uma mudança na libido, da zona genital para a anal, e está psicogeneticamente relacionado à educação referente à limpeza, à maneira de lidar as com fezes e ao prazer. A avareza tem base no desejo de ganhar e manter objetos ou pessoas para si. O avarento quer pegar tudo o que puder. Seu foco está na retenção de posses, na disposição incondicional de manter, no delírio de defender o que foi ganho. Portanto, a avareza pode se transformar em mesquinhez.

A pessoa avarenta e mesquinha concentra-se inteiramente no material, no que poderia chamar de tesouro. Por se sentir indigna, ela precisa do tesouro para valer alguma coisa. Se o seu tesouro e suas posses forem removidos, ela passará a se autoconsiderar um nada, pois sua autoestima depende essencialmente de suas posses; se a sua propriedade for perdida, a sua autossegurança e autoproteção desaparecerão.

O sentimentos de proteção e de segurança devem ser transmitidos pela mãe durante os primeiros anos da vida. Quando eles não são experimentados nessa fase da vida, a pessoa os procurará pelo resto da vida, tentando encontrá-los em seu exterior; em coisas como dinheiro, moedas, fotos, joias etc. Daí surge a satisfação de adquirir, colecionar, ter e possuir coisas valiosas. O resultado disso será, muitas vezes, a incapacidade de dar algo aos outros, ao custo das relações interpessoais. Se uma pessoa só quer *ter* não pode se dar bem num relacionamento, pois este não pode ser baseado em lucro, em ter ou possuir, mas é caracterizado precisamente por não querer *ter*, deixando o outro como ele é.

Como dito acima, a avidez pela posse é muito comum na sociedade atual. Para a criança na fase de desenvolvimento anal, dar é perda, e manter é lucro. Isso é especialmente claro quando há falta de amor dos pais pela criança; a sensação de ser amada torna-se um fator decisivo. Se a criança é usada pelos pais como um *self-objeto*, ou se o amor da mãe é muito possessivo, então, semelhante à falta de amor, isso poderá levar a uma fixação no nível anal, com os efeitos descritos acima.

Há um outro aspecto ligado à avareza que é fundamental para muitos processos, especialmente o narcisista. Na busca exagerada de reconhecimento, muitas pessoas são ávidas por qualquer coisa que melhore, amplie, aumente sua estima, seus próprios valores, e a causa de tudo isso é falta de amor. Uma criança espera ser aceita como um ser humano. Se recebeu atenção apreciativa e afirmativa por parte de seu principal cuidador, pode evoluir para um ser humano adulto maduro. Sigmund Freud descreveu certa vez o seguinte: "Se alguém foi o queridinho indiscutível da mãe, conserva para a vida aquela sensação de conquista, a confiança do sucesso, que, não raro, leva ao sucesso".

A confiança e a atenção estão intimamente relacionadas; onde não há atenção, não há confiança, e isso muitas vezes resulta em insegurança, em sentimento vergonhoso de inferioridade e em falta de autoconfiança. Nenhum ser humano pode se dar bem sem atenção e apreciação, sendo que isso é especialmente importante em nosso desenvolvimento mental inicial.

A título de ilustração, cito um homem que morreu aos 43 anos. Conheço sua história porque tive com ele uma profunda experiência psicológica em três atendimentos de teste. Ele não quis continuar a terapia. Cerca de 1 ano depois de sua morte, sua viúva me procurou. Ela havia passado por um tratamento para depressão e me transmitiu mais antecedentes sobre anamnese e tipo de caráter do ex-esposo.

O Sr. A. vinha de uma família de refugiados. Ambos os pais nasceram na antiga Alta Silésia, e depois da guerra se refugiaram na Baviera; ele com 15 anos e ela com 13. Haviam fugido e formavam uma associação de emergência. Seu avô materno havia morrido em Stalingrado e sua avó materna, depois de ter sido estuprada por soldados soviéticos, foi fuzilada.

Sua mãe foi encontrada em 1945 numa fazenda na Baixa Baviera. Depois da guerra ela foi obrigada a fazer trabalhos agrícolas pesados. Um irmão dela, 3 anos mais velho, havia desaparecido e só retornou 20 anos depois, à procura da irmã – ela havia ido para a Renânia. Ela, muito explorada na fazenda e tratada sem afeto, ficou aliviada quando o homem que conhecera em fuga quando ela tinha 20 anos, fez contato e a pediu em casamento. Ela aceitou e os dois toram formar sua família em Passau.

O pai do Sr. A. foi para Erlangen depois de fugir com uma irmã 5 anos mais velha. Seu avô paterno morreu na guerra quando o navio em que estava afundou no Mar do Norte, depois de um ataque. Sua avó paterna morreu no final da guerra de uma doença infecciosa que não podia ser tratada devido à falta de medicação. O pai morou com a irmã até a década de 1950, quando ele tinha 20 anos. Ela se casou com um soldado americano de ocupação e foi para os Estados Unidos. Quando estava sozinho, lembrou-se da garota refugiada; descobrindo onde ela estava, casou-se com ela.

A maior conquista para o jovem casal foi sair da pobreza e alcançar um *status* mais elevado na sociedade. No início do casamento, não quiseram ter filhos. Ela estava empregada numa secretaria paroquial e ele, depois de fazer alguns cursos, tornou-se funcionário público. Em 1958, nasceu a primeira filha, e, em 1960, o Sr. A. Eles deram aos filhos o máximo conforto que podiam, aquilo que não puderam ter.

Traumatizada pela guerra, ela era uma mulher emocionalmente fria e contida, nunca conseguindo demonstrar amor aos filhos. Aparentavam ser uma família bem-organizada, possuidora de casa e carro. O mais importante para o pai do Sr. A. era "fazer carreira".

Ele também não demonstrava sentimentos, a não ser quando era promovido ou conseguia, por meio de negociação hábil, mudar para um local maior. Devido ao seu trabalho na comunidade, ele obteve informações sobre áreas designadas para novas construções, e assim pôde conhecer os proprietários com antecedência e negociar com eles. Também foi muito hábil em investimento de ações, conseguindo acumular uma fortuna considerável, especialmente entre 1960 e 1970.

O Sr. A., em toda a sua infância, jamais foi elogiado pela mãe nem tivera qualquer contato físico com ela. Seu relacionamento com a mãe consistia estritamente em cumprir deveres e ser o mais correto possível. Aos 4 anos ela lhe deu uma surra, pois soube, pela professora, que ele havia puxado os cabelos de uma colega do jardim de infância.

Entre os seus 4 e 6 anos ele passou a urinar na calça, e por causa disso apanhou várias vezes da mãe. – Era uma maneira que ele tinha de chamar a atenção não recebida. Quando entrou para a escola parou de se urinar, provavelmente por vergonha diante das outras crianças. – Por causa disso era caçoado principalmente pela irmã.

O ambicioso pai fez-lhe saber que só teria seu reconhecimento se preenchesse todas as expectativas que lhe destinara. Ele acalentava a ideia de que seu pai provavelmente estivesse muito orgulhoso dele, pois não usava mais fralda desde os seus 2 anos e meio e era capaz de realizar cálculos simples no jardim de infância. Embora nunca o tenha espancado, seu pai incutiu nele a ideia de que ele seria "um comedor útil e um membro útil da família", se satisfizesse os desejos dele e depois seguisse os seus passos. Pouco antes da puberdade, entre os 10 e os 12 anos, o Sr. A. desenvolveu compulsões e rituais, como ter que olhar debaixo da cama de seis a dez vezes antes de dormir, para verificar se lá havia algo.

Alguns anos depois, ele começou a coletar tecidos usados e os empilhava no armário. – Isso lhe dava uma sensação de felicidade. Na escola, sempre foi o melhor da turma em determinadas disciplinas.

Durante o ensino médio, muitas vezes tinha dificuldade para dormir. Ele acordava 1h mais cedo para "plantar bananeira", esperando que isso favorecesse o fluxo sanguíneo para o cérebro.

Na escola, era um estranho; tinha poucos contatos sociais; era ruim em artes, música e em educação física. No final de um ano letivo, ao chegar em casa com um bom parecer escolar, seu pai sorriu orgulhosamente e lhe deu uns tapinhas nas costas – essa foi a primeira e única vez que isso aconteceu.

Sr. A. não convivia bem com os colegas. Jamais emprestou dinheiro a um colega que precisasse. Ele acumulava dinheiro o máximo possível, juntando uma boa soma ao final de seu período escolar.

Ele praticamente não teve contato com sua irmã. Aos 16 anos ela desenvolveu uma anorexia grave, aos 18 foi internada numa instituição de saúde mental, perdendo. A partir daí não se relacionaram mais.

Ele só se sentia feliz quando ganhava mais dinheiro ou se dava melhor do que os outros. Assim continuou durante o curso superior. Estudou medicina, tornou-se cardiologista e iniciou uma carreira científica. Mesmo estudando e trabalhando no hospital, sempre foi um estranho, não tinha contatos sociais e apenas vivia para fazer carreira e aumentar suas posses. Nunca foi convidado para aniversários, jamais pagou uma refeição para alguém. Aos 35 anos, ele conheceu uma secretária no hospital, com quem se casou mais tarde. Ela nunca soube o que o marido realmente pensava e sentia, o que havia em sua mente, mas se orgulhava por ele ter uma carreira brilhante e por tê-la escolhido – uma simples secretária – como parceira.

Tendo sido promovido, aos 43 anos passou a ocupar um novo local; era um escritório grande, iluminado e tinha uma mesa enorme. Sua esposa o acompanhou em seu primeiro dia de trabalho. Sentada à sua frente, ela lhe disse que estava diante de um dos maiores e mais novos cardiologistas. Isso o alegrou muito, dizendo-lhe que atingira seu objetivo, que agora seu pai estava orgulhoso dele, que a sua mãe não precisava mais se envergonhar dele e que ele mostrara a todos que poderia vencer com ambição e determinação.

Quando anoiteceu, bateram à porta da recém-ocupada casa, enquanto aguardava o marido. Mas ali estava um policial que foi informá-la de seu falecimento. Ele sofrera um ataque cardíaco em seu novo local de trabalho, na tarde daquele primeiro dia.

Recapitulando, o Sr. A. vinha de uma família na qual conquistas e aquisição de bens materiais tinham um papel muito importante. Seus pais haviam sido traumatizados pela guerra, tiveram perdas, sofreram, testemunharam atrocidades que iam do estupro ao assassinato. Ao constituírem família, tentaram esquecer todas as experiências de sua infância e juventude; esperavam conseguir isso olhando só para frente, criando paz de espírito através do ganho material. Acreditavam que pelo esforço constante as sombras do passado desapareceriam. Nascido e crescido numa atmosfera de repressão, negação e dolorosos processos mentais, o Sr. A. aprendeu cedo que o propósito da vida é obter posses, reconhecimento dos outros e fazer uma carreira para ganhar o máximo de dinheiro possível. O objetivo era poder comprar e pagar qualquer coisa que tivesse valor externo, para desenvolver a autoestima.

Em seus primeiros anos de vida, ele nunca se sentiu amado pelos pais nem por si mesmo. Para a mãe, ele era apenas um objeto que servia para representar ao mundo o modelo de uma família perfeita. O pai projetou para ele tudo o que não pôde realizar. O Sr. A. sempre tentou satisfazer ambos os pais. Ele queria provar para a mãe que não só tinha um propósito no sentido de satisfazer a família, mas também que poderia ser um parceiro masculino para ela no qual pudesse se apoiar e confiar; que podia ajudá-la e dar-lhe mais apoio emocional do que o marido, seu pai. Queria mostrar à mãe que, por meio de suas realizações intelectuais, ele era capaz de superar o pai e acumular mais riqueza do que ele. A ganância em ter sempre mais, em subir continuamente, era, portanto, sua meta para alcançar plenamente o afeto da mãe. Em última análise, ele permaneceu ligado à mãe, porque ela nunca poderia dar-lhe o afeto incondicional: "Você é amado, independentemente de suas realizações".

Ele competiu com o pai por toda a vida. Queria superá-lo e torná-lo o vértice excluído no triângulo edípico com a mãe. Não se interessou pelas relações sociais, amizades e relacionamentos entre colegas, porque tudo o que ele queria era satisfazer os pais. Tentou firmar e estabilizar sua autoestima com a "armadura" dos sucessos materiais.

O anseio por posse e sucesso, a ganância por ganhos cada vez maiores era alimentada, em última instância, pela necessidade de valer alguma coisa e pelo medo de se sentir inútil. As relações em que se envolveu eram todas voltadas para determinado propósito. Na maioria das vezes, à vida profissional. Apenas o relacionamento com a esposa mostrava um desejo rudimentar de proximidade, que ele só conseguia vivenciar de um modo muito básico. Em essência, ele também vivia sozinho e solitário no relacionamento com a esposa, sempre tentando compensar e ocultar sua baixa autoestima por meio de sucessos materiais.

Quando chegou ao topo do sucesso e surgiu-lhe um medo inconsciente de ter que pensar na vida e qual é o sentido dela, veio a morte. O coração falhou porque, para ele, isso era provavelmente mais fácil do que reconhecer a dureza de não se permitir rever seus conceitos e atitudes. Admitir, vivo e sob emoção, o que fora sua vida até aquele momento era provavelmente muito doloroso para ele, que preferiu a morte rápida.

Em suma, este relato nos mostra a negatividade da fixação no sucesso material, na carreira, na escalada profissional, que trazem o vazio e a incapacidade de sentir a própria existência. Em última análise, a obtenção gananciosa de bens materiais e a caça compulsiva do sucesso é uma tentativa inconsciente de compensar uma baixa autoestima, um grande déficit narcísico e a situação de não ser amado por si mesmo.

* *

Anselm Grün

A avareza é frequentemente representada na arte como um demônio despejando moedas de ouro na boca de um homem. O avarento tem que engolir moedas, embora não goste. Outra imagem interessante de uma obra-prima de Petrarca, uma pintura de 1532, é a de um homem avarento sentado em seu quarto sobre espinhos, cercado por sacos de dinheiro, livros, troféus valiosos e copos. A janela é coberta com um pano para proteger a sala de olhares cobiçosos. O desejo de acumular mais e mais riqueza o domina incessantemente. Seu rosto é o de um ser dirigido; ele não é feliz. As preocupações com a riqueza não lhe trazem sorte; pelo contrário, são como espinhos em sua carne. O pintor está convencido de que o avarento será punido somente depois da morte, mas se punirá em vida colocando-se acima da humanidade e, por assim dizer, sempre sentado em espinhos.

Os gregos têm duas palavras para a ganância: *pleonexia* e *philargyria*. A primeira delas é uma composição de *pleon* e *echein*, o que significa querer mais. Isso não se limita apenas à posse, mas também se refere à atenção, fama, poder e desejo sexual. Os gregos veem na *pleonexia* uma atitude que perturba a coexistência na comunidade e também prejudica o indivíduo, porque lhe rouba a harmonia interior. A outra palavra, *philargyria*, significa amor ao dinheiro, estar apaixonado por dinheiro, algo que pode levar tanto ao desperdício quanto à avareza. Platão diz que a tendência ao desperdício pode ser curada, mas não a avareza, pois, para ele, a avareza é uma agressão a si mesmo.

A palavra latina para ganância é *avaritia*. Origina-se de *aveo* ou *haveo*, que significa ventar ou soprar. Ganância significa: *farejar* algo. Os romanos acreditavam que, olhando-se para uma pessoa, sabe-se se ela é gananciosa. A respiração do ganancioso é pesada, seu rosto expressa ganância.

Para o budismo, a ganância é o pior dos vícios. É a causa de todo sofrimento e prende o homem ao mundo; ele se torna dependente do mundo. E já que o mundo não satisfaz sua ganância, ele sofre. Libertar-se da cobiça, no budismo, significa libertar-se do sofrimento. Isso parece muito convidativo, mas não é tão fácil abandonar a ganância, que, conforme sabemos, está muito arraigada na alma humana.

O ganancioso é aquela pessoa que "quanto mais tem, mais quer". O dinheiro, por si só, nada tem de mal, mas o ganancioso quer utilizá-lo para ocultar seu vazio interior, que, no entanto, é um poço sem fundo. Ele pode gastar muito dinheiro, mas o barril nunca estará cheio. Voltando à história do homem que "come" as moedas de ouro que um demônio despeja em sua boca aberta, as moedas nunca lhe saciam a fome. Por mais moedas que devorem, os "estômagos gananciosos" nunca ficarão cheios. Outra forma de ganância é aquela que visa fama e reconhecimento; é o que muitas vezes ocorre com narcisistas que não conseguem chamar atenção como gostariam.

Duas histórias bíblicas nos mostram como essa ganância pode ser transformada. A primeira é a chamada história da tentação (Mt 4,1-11; Lc 4,1-13). Quando o diabo sugere a Jesus que transforme as pedras em pães, isso não tem a ver só com a ganância por comida, mas também com a ganância do consumo absoluto, até mesmo do sagrado, representado aí pelas pedras, com as quais o diabo tenta convencer Jesus a usar seus poderes místicos. O sagrado é aquilo sobre o qual não se tem poder. Mas a ganância quer consumir tudo, determinar e governar tudo. Jesus supera a tentação apontando para a Palavra de Deus que nos nutre: precisamos de alimento espiritual para vencer a ganância. A segunda tentação diz respeito à ganância por admiração e fama. Jesus é aliciado a saltar das ameias do templo e provar a todos que Ele é milagreiro. Jesus repele essa tentação usando palavras da Escritura: "Não tentarás o Senhor teu Deus" (Mt 4,7). Não devemos usar Deus para nós, para que Ele nos faça grandes diante do povo. A teologia da prosperidade caiu nessa tentação, pois usa Deus apenas como um doador de sucesso e fama. A terceira tentação é a do poder, quando o diabo sugere a Jesus que se prostre diante dele e o adore, em troca de um poder absoluto sobre tudo o que existe. Aqueles que se deixam fascinar pelo poder acabam caindo aos pés do diabo; ele usa a cegueira das pessoas para dominá-las. Jesus repeliu essa tentação com as palavras: "Adorarás o Senhor teu Deus e só a Ele servirás" (Mt 4,10). Quem se apaixona de Deus com segundas intenções escraviza a si mesmo, sua alma se torna caótica, sombria e maligna, cai no fascínio do poder e é dominado por ele.

As três tentações que Jesus enfrentou são essencialmente humanas; somos constantemente desafiados por elas. De Jesus podemos aprender a lidar com a tentação da ganância: Jesus se volta para Deus. Se Deus é o centro das atenções, se nos deixarmos ser nutridos pela Palavra de Deus, se deixarmos Deus ser Deus, em vez de usá-lo para nossos intentos, e se nos prostrarmos ante Deus e o adorarmos, a ganância será vencida; portanto, não ganhará poder algum sobre nós.

A segunda história na qual Jesus adverte contra a ganância e, ao mesmo tempo, mostra-nos um modo de superá-la, é aquela do fazendeiro rico que cultiva grãos. Começa com uma disputa de herança. Jesus não quer ser juiz. Ele adverte contra a ganância. A forma que lemos na Nova Versão Internacional é: "Cuidado com qualquer tipo de cobiça, porque mesmo que se tenha muito, a vida não está no que se possui" (Lc 12,15). Uma outra tradução poderia ser esta: "A vida não extrai seu significado do excesso que alguém tem à disposição por meios externos". Isso significa: o ganancioso espera que o dinheiro flua, mas as coisas não fluem nem nos indicam que a vida vai fluir. O que eu mantenho a vida desfaz, mas não aumenta. Jesus explica esse princípio usando o exemplo do rico fazendeiro de grãos. Ele fez uma grande colheita e pensou em demolir seus antigos celeiros para construir outros maiores, querendo, dessa forma, aproveitar a vida. Mas Deus lhe disse: "Insensato! Ainda nesta mesma noite tirarão a tua vida, e para quem ficará tudo o que acumulaste?" (Lc 12,20). Nesse contexto, a superação da ganância acontece pensando-se nas próprias limitações, na própria morte, que desqualifica tudo pelo qual somos gananciosos. Não podemos levar nada conosco; temos que deixar tudo de lado. Esse pensamento também relativiza nossa ganância e a enfraquece.

Ambas as histórias nos mostram como transformar a ganância. Mas, como na inveja, há outros meios pelos quais a cobiça pode ser transformada. Um deles é reconhecer a ganância; é perigoso fingirmos que não somos gananciosos. O segundo passo seria acabar com a ganância: O fato de eu ter tudo o que quero me faz realmente feliz? Assim, ela é relativizada; percebo que ela não pode me fazer feliz. Outro passo seria transformar a ganância em gratidão; eu posso simplesmente praticar gratidão: sou grato pela minha vida, pelos dons que Deus me deu. Eu paro de me comparar com os outros. Ao alimentar a gratidão, a ganância é empurrada para trás; ela não tem mais chance de me controlar. Então, quando a ganância volta à tona, torno a lembrar-me de ser grato pela minha vida e por tudo o que Deus me dá diariamente. A ganância leva à solidão; portanto, um caminho importante seria transformá-la em solidariedade. Percebo minha ganância e lembro-me de que, no fundo da minha alma, sou um com todos os seres humanos. A experiência da unidade com todos transforma a ganância em solidariedade, e, em vez de ganância, surge a empatia para com todas as pessoas. Também posso praticar essa compaixão, e quanto mais faço isso, menos chance tem a cobiça de me controlar.

Em última análise, a ganância só pode ser transformada se for substituída por emoções positivas; ou seja, por gratidão, por compaixão, por prazer. As pessoas gananciosas são incapazes de desfrutar algo; sempre estão ansiosas para obter algo mais. Mas, se o obtém, não podem aproveitá-lo, precisam ir atrás do próximo. À medida que aprendo a apreciar o que como, o que possuo, a ganância se dissipa. Aproveitar é o oposto da ganância, pois os gananciosos são incapazes de desfrutar. Muitas vezes não têm prazer algum; portanto, não podem parar; eles precisam aprender a gostar. Somente aqueles que desistem daquilo que estabelece limites podem desfrutar. Ao ir à "escola do prazer", gradualmente superamos a ganância, e o mais alto nível de prazer é desfrutar de Deus.

A tradição espiritual vê no desfrute o objetivo do caminho espiritual. Mas desfrutar de Deus não significa possuí-lo; Ele é quem satisfaz meu desejo mais profundo. Eu gosto de sua beleza, de seu amor, mas não posso reter o prazer; só posso deixá-lo acontecer.

Enfim, esses são caminhos espirituais que transformam a ganância. Podemos reconhecer psicologicamente as causas da nossa ganância, sendo importante enfrentá-las. A tradição espiritual descreveu mais os efeitos do que as causas da cobiça; ela mostrou em imagens o que a ganância faz às pessoas. Mas algo das causas mais profundas da ganância já era reconhecível nas imagens. O que importa não é saber se conheço todas as causas, mas como lido com a ganância, e a tradição espiritual nos deu muitas maneiras de fazê-lo.

Não há recursos rápidos para controlar a ganância, mas quando começamos o caminho da prática espiritual, podemos lentamente superá-la. No entanto, ela nunca será superada totalmente. Os sete pecados capitais são uma ameaça permanente, e quando pensamos que já progredimos no caminho espiritual, as ameaças voltam para nos lembrar que somos seres humanos e, como tal, estamos sempre em perigo enquanto vivermos. Isso nos torna humildes e ao mesmo tempo conscientes de todas as tentações. A sexualidade e o pecado, especialmente na religião cristã, fundiram-se historicamente em uma unidade inseparável. Quando Adão comeu da árvore do conhecimento, ele percebeu que estava nu e que essa nudez está associada a um sentimento de vergonha, pois ele imediatamente tinha suas partes íntimas visíveis para todos. Para afastar a vergonha, ele a cobriu, como fez Eva, com uma folha de figueira. A exibição dos órgãos sexuais, portanto, já está, desde o começo, associada a sentimentos de vergonha.

Luxúria (*luxuria*)

Bernd Deininger

A condensação do mito da pecaminosidade sexual torna-se evidente na história da Imaculada Conceição da Virgem Maria. Se a virgindade significa pureza, então inevitavelmente nos tornamos corrompidos pela prática sexual. Na história da Igreja, a ideia de que a nova vida é recebida "no pecado" está há muito tempo ancorada nesse pensamento.

Se a procriação, que envolve a preservação da espécie, é pecado, quanto mais pecaminosa seria a prática sexual exclusivamente por prazer. Por outro lado, sempre houve correntes que expressam que a sensação, a paixão ardente e o desejo que sentimos em nosso ser sexual podem nos dar uma ideia do que significa ser tocado pelo sagrado.

Sigmund Freud mostrou que a sexualidade, como parte do fluxo de vida, já está presente no começo da própria vida. Quanto mais natural a sexualidade for considerada, mais normal ela será. A posição de Freud e a ideia de ser tocado pelo sagrado a partir da sexualidade são diametralmente opostas às ideias da tradição cristã em relação à pratica sexual.

Na era moderna, especialmente depois da revolução sexual libertadora da década de 1968, entendemos a sexualidade como algo muito mais exigente do que o simples encontro humano. O extraordinário é que para isso precisamos encontrar outra pessoa que tenha sentimentos de prazer semelhantes aos nossos, perseguindo assim o mesmo objetivo; ou seja, obter satisfação mútua do casal. Aqui se poderia falar de uma reciprocidade positiva. Nas últimas décadas, pelo menos as sociedades ocidentais têm conseguido superar a equação entre prazer e pecado e moldar a própria sexualidade de tal forma que ela represente um componente positivo para a vida de cada indivíduo.

Há uma variedade de planos de vida sexual e maneiras de viver o desejo instintivo, o que acaba refletindo a diversidade de pessoas que se sentem compelidas a fazer qualquer coisa.

Especialmente nas últimas décadas houve significativas mudanças na área cultural-sexual, desde a lucrativa indústria pornográfica até clubes de *swinger*, sexo por telefone, sexo na internet etc. A homossexualidade foi desestigmatizada e as reuniões sadomasoquistas passaram a ser socialmente integradas.

Se olharmos para tudo isso perceberemos que não há mais o que libertar; que a sexualidade está basicamente livre. Se dois adultos concordam em seu comportamento sexual não existirá tabu algum entre eles.

Essa "evolução da libertação" levou a uma perda do sentido da sexualidade para muitos. O sexo passou a competir com outros objetivos de vida e oportunidades que levam à felicidade, ocasionando um evidente desinteresse pela sexualidade em um grande número de indivíduos, indicando que outras coisas como carreira, esportes, música, arte, viagens etc. podem ser até mais importantes do que a prática sexual.

A libertação da sexualidade das amarras da culpa e do pecado criou uma base física e mental positiva para nós humanos. Enfatiza-se, na perspectiva liberal-religiosa, que Deus nos deu a nossa sexualidade. Seria uma oferta para vivê-la nos relacionamentos, e não isoladamente.

Em sua versão clássica, a luxúria – que era considerada um pecado mortal – era vista como um impulso à devassidão. Um homem voluptuoso era aquele que se reduzia ao lado animal de si mesmo, que perseguia egoisticamente todos os seus impulsos sem prestar atenção ao que acontecia aos outros.

Mas na Modernidade – se quisermos entender a sexualidade desintegrada e geralmente fora de um relacionamento emocional-humano – encontramos pessoas dependentes de sexo que, assim conduzidas, administram suas vidas e compensam seus problemas de autoestima mediante a conquista sexual. O aumento da voluptuosidade no sentido negativo-criminal também se tornou relevante. Nesse quesito se encontram a pedofilia e, às vezes estreitamente ligado a ela, o incesto. Para esclarecer o aspecto mórbido e patológico da vida sexual abordarei a questão do incesto.

O incesto e o tabu do incesto foram fortemente influenciados pelas teorias e teses psicanalíticas de Sigmund Freud, que os inclui nos estudos antropológicos. Mas, mesmo na primeira metade do século XX, os antropólogos, em suas pesquisas, demonstraram um forte interesse por sua teorização psicanalítica.

Para a psicanálise, dois significados do incesto se tornaram essencialmente importantes. De um lado, o incesto, no sentido de desejo dentro do Complexo de Édipo; de outro, o incesto como abuso sexual na família. Trata-se principalmente da atividade sexual entre pais e filhos e irmãos. Em sua teoria da neurose, Freud abordou regularmente o abuso sexual na infância, já em sua obra *Totem e tabu* (1913) ele descreve em muitas passagens quando, por exemplo, o incesto entre irmãos está em causa, que a punição por incesto com a irmã é a morte por enforcamento. Ele se refere aos estudos de Jim Frazer, que fez suas descobertas principalmente entre os povos das ilhas do Pacífico.

Diante de pressão pública e social, Freud colocou em foco os desejos edipianos de contatos sexuais com os pais, em vez do abuso real. Isso levou ao fato de que, mesmo no início do desenvolvimento psicanalítico, chegou-se ao ponto de compreender a violação real e conhecida de uma criança como uma expressão de sua fantasia (cf. ABRAHAM, K. *Sofrimento do trauma sexual como uma forma de eu infantil*, 1907).

Freud, especialmente em seu período posterior, nunca rejeitou a possibilidade do efeito traumático do poder incestuoso, mas ao desviar o foco para a imaginação infantil, ele negligenciou a relação entre a criança e os *self-objeto* primários.

A psicanálise colocou a proibição do incesto no centro do conflito humano, mas, por muito tempo – pelo menos no início do desenvolvimento psicanalítico – só a viu do lado da criança; ou seja, o Complexo de Édipo. É importante destacar que atualmente há um número incalculável de violações dessa proibição humana. Estima-se que cerca de 20 a 25% de todas as mulheres tenham sido vítimas de agressão sexual intrafamiliar. Nesse aspecto, pode-se afirmar que esse tipo de relacionamento patogênico está no centro do desenvolvimento dos transtornos mentais.

Ferenczi (1933) descreve em seu trabalho "Confusão de linguagem entre adultos e a criança – A linguagem da ternura e paixão", o quanto o abuso sexual da criança causa medos e identificações com o agressor. O medo leva a "subordinar-se à vontade do agressor [...] a se identificar completamente com ele. Ao identificar, digamos, a introjeção do atacante, ele desaparece como realidade externa e se torna intrapsíquico [...]. Mas a mudança mais significativa do que a identificação ansiosa [...] é a introjeção do sentimento de culpa do adulto, que torna a brincadeira inofensiva um ato punível. Se a criança se recuperar depois de tal ataque, ela se sentirá muito confusa – na verdade já dividida; inocente e culpada ao mesmo tempo –, com uma confiança quebrada na afirmação dos próprios sentidos".

Em suas conclusões, Ferenczi enfatiza o impacto traumático externo, o eu em evolução e os mecanismos em evolução que afetam o ego ou o *self*. Essencialmente, trata-se de um autoabandono do elemento considerado vital, mesmo que esse elemento responda ao trauma destrutivo. Além disso, Ferenczi aponta para outros aspectos do incesto real. Para a criança, muitas vezes não há terceiros a quem ela possa confiar ou a partir dos quais possa inclusive vivenciar sua realidade, porque a mãe, em muitos casos, abandona a criança molestada, escondendo mais ou menos o fato ou mantendo, em segredo ou abertamente, um pacto com a agredida. Como resultado, a criança, muitas vezes sozinha, é forçada a desenvolver um tipo de precocidade, uma forma de pseudocrescimento que se vê com frequência em vítimas de abuso sexual na infância. Ferenczi considera o abuso incestuoso o mais prejudicial, porque o abuso do amor de uma criança confusa gera um efeito gravíssimo. Ferenczi também descreve os processos de internalização da violência traumática, o que explica a dinâmica central dos sentimentos de culpa.

Muito crédito tem sido dado a grupos feministas, tanto nos Estados Unidos quanto na Europa, por chamar a atenção do público para a realidade do abuso sexual, lembrando que ele ocorre não apenas dentro das famílias, onde certamente há maior incidência, mas também nas escolas (internatos) e nas instituições e grupos de igreja, que recentemente têm se verificado extremamente dolorosos.

É bastante provável que esta seja uma das causas do aumento significativo dos transtornos de personalidade borderline nos últimos anos. Especialmente em pacientes borderline femininos, a autora Christa Rohde-Dachser está convencida de que o abuso sexual na infância é praticamente universal (ROHDE-DACHSER, C. *Expedição ao continente negro*, 1991). Principalmente os autores U. Sachsse (*A psicodinâmica do transtorno da personalidade borderline como uma sequência de trauma*, 1995) e Otto F. Kernberg (*Desenvolvimento da personalidade e trauma*, 1997) partilham dessa opinião.

A proibição do incesto – ou seja, relação sexual entre parentes – pode ser considerada universal, com algumas exceções nas culturas tribais mais antigas. As principais formas de incesto existem na relação entre pai e filha, entre mãe e filho e entre irmãos. Além disso, existem outras relações que são incestuosas quando, por exemplo, há uma relação sexual entre um enteado e sua madrasta ou entre uma nora e um sogro. Também é considerada incestuosa a relação entre irmãos adotivos, mesmo que não sejam parentes consanguíneos.

Já a lei de Moisés, detalhada em Lv 18, afirma que o incesto deve ser interpretado como uma ofensa punível e como uma violação das leis de Deus. Lv 18,6 afirma: "Nenhum de vocês pode aproximar-se de um parente de sangue para expor sua vergonha. Eu sou o Senhor". No século V a.C., Sólon proibiu o casamento entre irmãos e entre pais e filhos em Atenas, sempre ocorrido antes disso. Os romanos igualmente rejeitaram o incesto. A infração contra suas leis chegava a ser punida com o suicídio obrigatório. O incesto também foi proibido no cristianismo e no islamismo. Uma intensificação da proibição do incesto e punições ainda mais duras foram adicionadas à Reforma.

Mesmo nas sociedades modernas, as relações de incesto são punidas com prisão. A relação de incesto mais conhecida, que Sigmund Freud abordou em sua análise do Complexo de Édipo, foi a relação mãe-filho entre Jocasta e Édipo. É um incesto chamado inconsciente, porque Édipo mata o pai sem saber que ele é seu pai e casa-se com a própria mãe. Quando ele descobre que matou seu pai e se casou com sua mãe, gerando filhos com ela, ficou tão arrasado que cegou a si mesmo. A maldição sobre Édipo continuou no fratricídio de seus filhos. Aqui, não apenas o incesto consciente é severamente punido, mas também o inconsciente, embora a culpa nesse caso seja um pouco menor. Apesar da inconsciência, o incesto continua associado a uma maldição que pode estar numa única pessoa ou mesmo em um grupo.

Eis um caso com o qual lidei no exercício da profissão: a Sra. S. é a segunda filha de uma família de seis filhos. Seu irmão é 2 anos mais velho do que ela. Depois nasceram mais quatro irmãs, uma com 2 anos a menos, uma com 3, outra com 7 e a última com 8 anos a menos. A Sra. S. cresceu numa pequena aldeia e teve muitos amigos. Seus pais ainda eram estudantes quando se casaram, ambos filhos de pais conservadores e orientados por preceitos. Externamente, a atenção se voltava à ordem, à moral e à vida cristã. Como mais tarde lhe foi revelado pela mãe, houvera muitos horrores e medos na família, especialmente por causa de ataques aéreos. Sua mãe nascera três anos antes do início da Segunda Guerra Mundial e seus pais (avós da Sra. S.) viviam no que hoje é a Pomerânia. Dois irmãos mais velhos morreram em fuga. A mãe ainda se lembrava vagamente de vários estupros sofridos pela avó. O avô chegou em casa sem uma perna, perdida na guerra, sofrendo fortes dores pelo resto da vida. A avó, não conseguindo lidar com a perda de seus filhos e com o difícil relacionamento com o marido, passou a se concentrar cada vez mais em si mesma, não tendo contatos externos. Ela sempre tentou excluir a filha (mãe da Sra. S.) do mundo exterior. A única coisa que ela apoiava era o ensino médio, mas sempre dizia que era melhor do que a filha. Depois disso, a mãe da Sra. S. estudou pedagogia e conheceu o seu o futuro marido, pai da Sra. S. Foi seu primeiro relacionamento. Ela se apegou completamente a ele, subordinava-se a ele e suportava muitas coisas para ter paz e forjar a imagem de uma família exemplar. O pai da Sra. S. estudou teologia. Quando casou, estava no final dos estudos, e pouco antes do nascimento da Sra. S. ele se ocupou como pastor.

Sua mãe, ao contrário da avó, incentivou a Sra. S. a entrar em contato com outras crianças. Como filha de pastor, no jardim de infância evangélico, ela provavelmente tinha grande *status* social, de modo que sempre exerceu grande influência no grupo de colegas. Ela gostava de brincar de teatro, de preferência de circo e hospital. No circo, ela geralmente era a diretora e havia um número com cavalos. No hospital, era a enfermeira que seguia as instruções do médico e preferia cuidar de pessoas seriamente doentes que não podiam mais cuidar de si mesmas.

Em seu quinto aniversário, uma brincadeira foi preparada para as crianças que participariam da festa. Nessas ocasiões o pai tinha o costume de figurar, ora como paciente, ora como palhaço. Na sala havia duas caixas grandes com adereços e todas as crianças tinham permissão para escolher um papel para o pai da Sra. S. Foi-lhe incumbido desempenhar o papel de palhaço.

Todos esperavam por ele no térreo, e a Sra. S. foi avisá-lo. – A casa tinha dois andares. No térreo, a cozinha e uma grande sala, utilizada como sala de estar e de jantar. No primeiro andar estavam os quartos, um para cada filho. No segundo andar, o pai tinha seu escritório particular com seus livros, e permanecia ali quando precisava descansar.

Como ele geralmente ficava em seu escritório, Sra. S. seguiu diretamente para lá, encontrando a porta entreaberta. Ao entrar, ele estava vestido de palhaço, com um nariz vermelho de papelão, chapéu e calça velha, sentado atrás da mesa. Sra. S. notou que ele estava com um olhar diferente. Ele pôs a mão direita por baixo da mesa e moveu-a para trás e para a frente, mantendo a mão esquerda sobre a mesa. Ele "bufou baixo", de um modo anormal, o que a assustou um pouco. Então ele disse: "Você está bem comigo. Venha, eu tenho algo para você". Ela hesitou e perguntou se era um dos seus bons doces de framboesa, que ele às vezes lhe dava como recompensa por alguma boa ação ou se ele tivesse um dia particularmente bom. Ele disse: "Não, não é um doce desta vez, mas é uma espécie de pirulito, você pode aproveitar".

Ela foi até ele e viu que manipulava seus genitais. Inicialmente ela ficou surpresa, mas seu pai explicou que aquilo que ele estava segurando era chamado de "membro", algo como um pirulito. Se ela o lambesse, sentiria um gosto bom e muito prazer. Ela lembrou que estava com muito medo de tocar naquela coisa enorme, mas seu pai a encorajou e ela o fez. Ela notou que aquilo estava dando grande prazer ao pai; então moveu a mão para cima e para baixo e lambeu a extremidade superior vermelha. Depois de pouco tempo ele gritou: "Estou indo", e empurrou a cabeça dela para o lado. Então viu que um líquido leitoso escapou do órgão, que logo diminuiu de tamanho. Então ele lhe disse para que não contasse aquilo para ninguém; que aquilo era um segredo entre eles e que tinha sido muito bonito para ele. Depois os dois desceram, brincaram de circo e tiveram uma ótima tarde.

Quando a Sra. S. já estava deitada na cama para dormir, de repente ficou muito triste, chorou e não sabia por quê. Quando a mãe e o irmão foram ao seu quarto para a costumeira oração da noite, ela sentiu que não podia suportar a proximidade deles e ficou aliviada quando ambos foram embora.

Quando pensou no pai, percebeu que tinha acontecido algo errado que a havia deixado insegura e triste. Ela sentiu que naquele dia havia começado uma história que muitas vezes a dilaceraria interiormente, porque, por um lado, ela mergulhava numa grande dependência, e por outro sentia-se muito poderosa.

Dependente porque não podia resistir aos desejos do pai e porque, quanto mais tempo o contato íntimo entre ela e ele durasse, menos possibilidade tinha de parar. Às vezes, ela se sentia hipnotizada por ele; quando ele chamava, ela sabia que tinha de "fazer algo por ele"; o que, com o tempo, ela passou a ficar sempre mais enojada. Mas, como se estivesse em transe, obedecia.

Nos anos seguintes, ela geralmente o satisfazia com a mão ou com a boca. Às vezes ele também brincava entre as suas pernas; no princípio ela se sentia muito desconfortável, mas depois passou a sentir prazer.

Ao contrário dos irmãos, a Sra. S. manteve contatos sociais de alto nível fora da família. Sempre que possível, ficava com amigos durante a noite para evitar o pai. Certa vez, quando ela tinha 13 anos, ele foi de pijama ao seu quarto e se deitou na cama com ela. Ela estava muito assustada e tremendo, e quando lhe perguntou se deveria tocar em seu membro, ele disse agora seria diferente; que ele se deitaria sobre ela e lhe mostraria como é o amor entre homem e mulher. Ao fazê-lo, ela não sentiu nada; era como se estivesse saído do corpo e não tivesse mais nada a ver com ele. À semelhança de um filme, ela se sentou diante de seu armário e olhou para a sua cama, onde se viu imóvel sob seu pai e ele se movendo sobre ela. Quando acordou pela manhã, sentia-se suja, humilhada e ansiosa. Depois da escola, ela não se sentiu em condições de ir para casa, passando o final de semana na casa de sua melhor amiga.

Sua mãe nunca se incomodou com o fato de ela ficar com amigos durante a noite. Às vezes, ela tinha certeza de que sua mãe sabia algo sobre aquele relacionamento com o pai; outras vezes não, porque considerava sua mãe uma mulher ingênua que não conseguia imaginar nada de mal, pelo menos em sua família. O fato lhe foi revelado mais tarde, quando a questão veio à tona.

Depois dessa experiência, a Sra. S. se afastou cada vez mais dos meninos da turma. Ela treinou na equipe feminina de handebol e sempre se sentiu mais à vontade entre as garotas. Quando criou uma banda de garotas e deu seu primeiro *show*, a condição era de que apenas as meninas da escola em que elas estavam tocando poderiam entrar. Somente quando se tornaram mais profissionais e bem-sucedidas ela liberou para o público.

Suas realizações acadêmicas foram médias; em casa ela era vista como uma "pessoa de fora", isolada, que não queria nada com os irmãos. Sua mãe frequentemente perguntava o que ela tinha, mas ela dizia que estava tudo bem. Muitas vezes se sentia envergonhada porque tinha a sensação de estar tirando alguma coisa da mãe; algo que seu pai vivia com ela.

Certa vez houve um grande alvoroço na casa. Sua irmã 3 anos mais nova tinha um relacionamento muito bom com o seu professor de alemão; provavelmente, também haviam se tornado muito amigos. Repentinamente ela caiu em seu desempenho escolar. Quando o professor lhe perguntou o que estava acontecendo, ela lhe disse que seu pai havia tido contato sexual com ela e que não aguentava mais; que era atormentada por pesadelos e que frequentemente sofria de ataques de pânico.

O professor se empenhou no caso e toda a história foi revelada. O pai da da Sra. S. teve contato sexual regular não somente com ela, mas também com as quatro irmãs mais novas. Os professores tentaram manter na escola o máximo de silêncio, mas depois das investigações policiais as crianças foram interrogadas. Por vergonha, Sra. S. tentou encobrir o mais que pôde. Seu pai escapou do julgamento, mas sua mãe se separou dele e as cinco meninas continuaram morando com ela em outro lugar. O pai mudou-se para uma cidade grande, desistiu de seu trabalho como pastor e passou a trabalhar como enfermeiro numa casa de repouso. O irmão foi estudar e a Sra. S. não teve mais contato com ele.

Quando o martírio da Sra. S. chegou ao fim, ela estava com 17 anos. Por um lado, sentia-se aliviada e feliz por poder deixar tudo aquilo; por outro, sentia-se muito envergonhada por ter acontecido algo tão terrível em sua família. Sua mãe ficou gravemente deprimida e a Sra. S. sentia que ela a considerava a principal culpada por seduzir seu "pobre pai". Ela responsabilizou a Sra. S. pelos abusos sofridos pelas outras filhas; se ela tivesse contado tudo dez anos antes, nada daquilo teria acontecido. Então, ela passou a conviver com um constante sentimento de culpa; muitas vezes pensava em ir até seu pai para lhe pedir desculpas por suas seduções e pelo que "ela fizera" com ele.

Aos 23 anos se casou com um homem muito mais velho. Nos anos anteriores, sempre estivera em contato com mulheres, e, embora nunca houvesse qualquer relacionamento erótico, ela achava que a proximidade das mulheres lhe fazia bem. Ela teve dois filhos, que, embora adultos, ainda são muito importantes para ela.

O casamento foi bom no começo, mas com o tempo seu marido foi se tornando sempre mais autoritário e compulsivo. Passaram a discutir muito. Ele tinha um grande senso de ordem e também era financeiramente frugal, com tendências à avareza. Ditou-lhe um orçamento restrito, embora trabalhasse em meio-período, depois de 6 anos de intervalo. Ele também a forçava a fazer compras nas lojas mais baratas.

Ela percebeu em si algo semelhante ao que havia acontecido em relação a seu pai: quando seu marido a repreendia, controlava e se mostrava insatisfeito com alguma coisa, ela como que saía de seu corpo; via-se sentada em algum lugar ouvindo a conversa de longe.

Mais tarde se aproximou eroticamente de outra mulher, através do esporte; a princípio, platonicamente, mas depois passaram a ter contatos físicos. Pela primeira vez em sua vida, durante o ato sexual, ela não sentiu que "estava deixando o corpo". O surpreendente é que, mesmo sabendo que se sentia melhor com mulheres, nunca sentiu impulso erótico por elas. Na relação sexual com sua companheira, ela sentia proximidade, confiança e boa autoestima. No início, o relacionamento era secreto, mas depois de dois anos decidiu assumir o relacionamento com a amante e contar tudo ao marido. Para os dois filhos, inicialmente foi muito difícil; eles se voltaram contra o pai e o responsabilizaram pelo fracasso do relacionamento. Eles não queriam ser filhos de uma lésbica. Depois de dois anos os ânimos foram se acalmando. Passados quatro anos, o relacionamento com os filhos parece ter se estabilizado de tal forma que eles, pelo menos, mantêm contato regular e também aceitam a vida sexual da mãe.

Depois que o pai saiu de casa, Sra. S. não teve contato com ele durante anos. Somente depois da terapia ela o procurou, talvez para ouvir dele um pedido de desculpas ou que admitisse ter feito uma coisa errada. Mas ele foi incapaz disso. Pelo contrário, enfatizou que nunca quis fazer mal a ela, que sempre achava que era ela que ansiava por suas visitas e que ela havia percorrido um longo caminho na vida. Essa incapacidade do pai de admitir a culpa parecia ser quase pior do que o trauma que ele causara na vida dela.

O irmão se afastou completamente da família; não houve mais contato com ele. Duas das irmãs mais novas cometeram suicídio. A irmã 3 anos mais nova caiu em depressão, sempre com sentimentos de culpa por ter denunciado o pai. Depois, Sra. S. soube que sua mãe havia culpado aquela irmã pela divulgação do caso. A terceira irmã se casou com um homem déspota, violento e alcoólatra, que a agredia e acusava de coisas que não havia feito. Quando aparece com hematomas, invariavelmente encontra explicações para não responsabilizar o marido. A irmã mais nova é incapaz de manter um relacionamento duradouro. A Sra. S. vê sua mãe apenas esporadicamente. Após a partida do pai, ela permaneceu sozinha, mas sempre o protegeu.

A Sra. S. tentou se reconciliar internamente com o pai e a mãe. Sua mãe nunca foi um modelo de mulher para ela nem poderia lhe dar a identidade feminina que ela queria. Sua cuidadora mais importante foi a mãe de uma amiga que conhecia desde os 4 anos de idade, e que ainda é importante para ela. A Sra. S. tentou ponderar que o pai fora um garotinho pobre, afrontado e decepcionado com a vida, o que lhe causava desejos de poder e a agressão à esposa e às filhas.

Pelo menos desde os 5 anos de idade, a Sra. S. passou a sofrer agressão sexual do pai, por um lado, mas também do silêncio e da passividade da mãe, por outro. Mas essa traumatização visível tem sua base numa fraqueza estrutural que se desenvolveu muito antes.

Deve-se presumir que pelo menos os primeiros quatro filhos tiveram um déficit emocional desde o início de seu desenvolvimento mental. A Sra. S., como segunda filha, tinha que lidar com o irmão mais velho e as irmãs mais novas. Com a constelação familiar e a fraqueza da mãe, presume-se que esta não tinha uma relação sexual estável. E provavelmente Sra. S. foi uma espécie de *self-objeto* que ela usou desde muito cedo para manter sua fraca identidade feminina. Para a Sra. S. não foi possível desenvolver uma autoimagem estável e suficiente; não experimentou sentimentos de apreciação e carinho. Muito cedo ela se deu conta de que era mais forte do que a mãe e precisava cuidar dela. O conflito de autonomia-dependência que influenciava muito o desenvolvimento não pôde ser superado. Não havia como desenvolver aspirações de autonomia e, ao mesmo tempo, sentir-se protegida por um terceiro. A relação com a mãe também prejudicava o desejo de autonomia. Um terceiro, aqui o pai, não contava; ele manteve-se fora da educação das crianças e teve uma ação destrutiva no desenvolvimento mental de suas filhas.

A Sra. S. percebeu muito cedo que não podia expressar seus próprios desejos; tinha que se subordinar e, se possível, fazer apenas o que os adultos exigiam. Isso acabou levando-a submer-se ao pai da mesma forma que a mãe, sentindo na situação de abuso que o pai sabia o que estava fazendo e que, como criança e mulher, ela tinha de se submeter aos desejos masculinos. Mesmo mais tarde ela tinha muito mais simpatia pelos outros do que por si mesma. Ela dividiu grande parte de sua experiência pessoal, provavelmente não apenas os eventos concretos traumáticos, mas também muitos outros aspectos, como as experiências de violência; testemunhou quando o pai bateu no irmão mais velho. Desde muito cedo, ela tentou, com a maior frequência possível, deixar a família e encontrar uma segunda família, na qual pudesse se sentir segura e bem. Em sua família nuclear, ela sempre assumiu o papel de vítima. Nas agressões sexuais do pai, entrava em estados de transe dissociativos, que estavam intimamente relacionados com a sensação de perda de identidade pessoal.

Além disso, ela experimentou uma concentração de consciência e se dividiu como pessoa. Quando ela assistia do lado de fora, percebia uma parte de si mesma que não estava mais conectada a ela. Além disso, havia também situações, especialmente na puberdade, nas quais tinha uma sensação de fraqueza e de vulnerabilidade, e, ao mesmo tempo, de força e de poder. Sentia que estava no comando e era na verdade a pessoa feminina mais poderosa da família. Então cultivou parcialmente essa parte poderosa e forte do ego, afirmando os interesses materiais para si mesma, bem como para as irmãs mais novas. Como resultado, ela tinha uma alta potência social na família e com os irmãos.

Não tendo experimentado nenhum relacionamento ambivalente no qual sentimentos negativos são suportados por um senso consistente de amor e de ser, só foi possível a ela dividir o mundo em bem e mal, o que era necessário para sobreviver psicologicamente a todos.

Com o marido, ela tentou corrigir sua imagem dos homens, devida à atitude do pai, mas acabou escolhendo um homem semelhante ao pai. Quando o marido estava inicialmente no papel de homem cuidadoso e protetor, o relacionamento foi bastante positivo, mas quando ele manifestou seus desejos sexuais, isso desencadeou seus sentimentos agressivos, originários do relacionamento com o pai. Mesmo com as experiências de estados de transe dissociativos na relação sexual, garantindo que ela pudesse conviver com o marido, eles acabaram se separando.

O fato de ela ter se voltado mais tarde para uma mulher é certamente devido às experiências negativas que teve com os homens muito cedo; não apenas com o pai, mas, como a terapia mostrou, com um professor, quando ela tinha cerca de 15 anos. Basicamente, ela foi capaz de entrar em relacionamentos erótico-sexuais com homens e mulheres. Em sua adolescência e juventude, a tendência homossexual provavelmente oculta-se no esporte. Apesar dos ferimentos graves infligidos a ela pelo pai, há muitas evidências de que a Sra. S. se identificou com o pai e continuou procurando por ele.

Em última análise, o pai era incapaz de viver e formular as próprias necessidades; de modo que, como homem adulto, permanecia emocionalmente ancorado em um nível infantil. Além disso, provavelmente não foi possível desenvolver uma identidade masculina sustentável que pudesse tornar a sua vida emocionante. Ele dependia de sua própria autoestima; por um lado era admirado, por outro, temido por seus filhos. Satisfez eles e com a esposa os seus desejos de poder e seu narcisismo.

Além disso, estabeleceu uma posição social com sua escolha de carreira, o que lhe deu autoridade externa e reputação, mas nada que ele pudesse sentir internamente. Sua moralidade tinha base na teologia, da qual ele sempre escolheu as partes que se encaixavam em seus interesses e, em seguida, manifestou externamente. Assim, ele chegou à união com a Sra. S.

Ele usou histórias da Bíblia várias vezes para justificar seus abusos, como a história de Ló e suas filhas. Nesse caso, ele disse à Sra. S. que nas Escrituras o contato erótico-sexual entre as filhas e o pai era mencionado de uma forma positiva. Isso foi especialmente estressante para a Sra. S., porque ela teve que ler essas passagens explicitamente, o que a fez duvidar da Bíblia.

Eu tentei usar este estudo de caso para ilustrar como um estado mórbido-patológico pode estar relacionado à sexualidade. Como mencionado acima, uma pessoa voluptuosa é alguém que se coloca num nível desumano e persegue seus impulsos de uma maneira tão egocêntrica, que não se importa com o que acontece com o outro, como vítima. Na Modernidade, isso poderia ser descrito como a incapacidade de se submeter ao tabu do incesto como voluptuosidade no sentido mais profundo e patológico. De fato, na linguagem do passado, isso seria interpretado como "comportamento pecaminoso".

A história da Sra. S. mostra que o incesto não é um problema do nosso tempo, mas que causou grandes dificuldades ao longo da história. Muitos estudos demonstraram que os perpetradores, especialmente quando se trata de incesto, eram muitas vezes vítimas. A esse respeito, é perfeitamente concebível que o próprio pai da Sra. S. tenha tido experiências destrutivas e violentas com seus pais adotivos; o que, fatalmente, fez dele o culpado. Através de seu processo terapêutico, a Sra. S. conseguiu quebrar a cadeia de destrutividade. Ela conseguiu desenvolver um relacionamento positivo com seus dois filhos crescidos e, além disso, conseguiu dar a eles uma melhor autoestima e, portanto, um eu mais estável do que antes, com seu próprio processo terapêutico.

* *

Anselm Grün

Hieronymus Bosch retrata a luxúria (*luxuria*) com uma cena na qual os cortesãos estão comendo em uma tenda e se divertindo com as mulheres. Na frente da tenda, um débil-mental dá socos nas próprias nádegas nuas. A luxúria era frequentemente entendida como excesso sexual e vício, como nas histórias bíblicas, sobre a luxuriosa esposa do oficial egípcio Potifar, que segue José, os dois velhos juízes que emboscam a linda Susana no banho ou cena em que as duas filhas se deitam com o pai bêbado, Ló. Johann Wilhelm Baur descreveu a luxúria, em 1670, como uma mulher alta com seios nus, pernas estendidas e uma cobra a seus pés.

A palavra latina *luxuria* significa originalmente abundância de fertilidade, mas também opulência e indulgência. Originalmente tinha um significado positivo: um prazer que dá felicidade. Mas, a partir da Idade Média, passou a ser entendida como prazer sexual, mas um desejo sexual exagerado e violento que não conhece limites. Os gregos retrataram esse desejo sexual na deusa do amor Afrodite. C.G. Jung argumenta que o cristianismo, especialmente por incutir a rejeição à sexualidade no inconsciente das pessoas, tornou esse conceito ainda mais forte.

Cito duas histórias bíblicas como exemplos da luxúria. A primeira é a história dos dois juízes que emboscam a linda Susana no banho. Querem possuí-la sexualmente, mas ela resiste aos velhos – o que mais tarde passou para a literatura popular como a representação da luxúria dos velhos. Especialmente aqueles que reprimiram sua sexualidade ou ficaram frustrados porque perderam seus atrativos sexuais, tendem a ser voluptuosos. Não conseguem se controlar e são dominados por seus impulsos. A Bíblia descreve seus instintos da seguinte forma: "Os dois anciãos viam-na todos os dias entrar e passear, e acabaram se apaixonando por ela. Fizeram o contrário do que deveriam ter feito: evitaram erguer os olhos para o céu e esqueceram os justos juízos de Deus" (Dn 13,8s.). Então eles foram completamente dominados pelo desejo; sua piedade sumiu. Passaram a olhar para Susana, mas ela resistiu à intromissão. Então eles viraram o jogo e a acusaram. Alegaram que a haviam visto tendo relação sexual e ela foi condenada à morte. Mas o jovem Profeta Daniel a resgatou. Ele confrontou os dois anciãos com a paixão que os cegou, e "foram condenados à morte. Dessa maneira, naquele dia foi salva uma vida inocente" (Dn 13,61s.). A história, portanto, adverte contra a luxúria dos idosos, que mostram uma fachada piedosa mas são interiormente cheios de um impulso sexual que não conseguem controlar. A superação dessa paixão acontece aqui através do confronto com a verdade e depois com a punição. Às vezes, um homem voluptuoso precisa experimentar seu próprio limite para voltar a si. Em seu ensaio sobre a luxúria, Anne Maguire conta a história do fundador da Ordem Trapista, uma das mais rigorosas ordens da Igreja Católica. Ele era um *bon vivant*. Sua amante foi desfigurada pela varíola e morreu. A visão daquele rosto desfigurado levou o voluptuoso *bon vivant* ao arrependimento. Então ele passou a viver como trapista, o extremo oposto da luxúria (cf. MAGUIRE: 185ss.).

A outra história é a do Rei Davi e de Betsabeia (2Sm 11): Davi caminha à noite no telhado plano do seu palácio real. De lá ele vê uma mulher tomando banho. Ele fica fascinado por ela e pergunta a seu respeito. Quando descobre que é a esposa do hitita Urias, ele manda chamá-la e dorme com ela. Ela fica grávida. Para encobrir que ele é o pai, Davi chama Urias do acampamento para dormir com sua esposa. Mas Urias, estando em serviço, não pôde dormir com ela. Então Davi o envia com uma carta a Joab, o comandante do exército judeu. Ele deveria deixar Urias lutar no ponto mais perigoso no campo de batalha para facilitar a sua morte. Urias é morto. Portanto, Davi cometeu um assassinato. Até mesmo o Rei Davi, que é considerado um modelo de piedade, é vítima de uma paixão sexual desenfreada. Quando o Profeta Natã aponta seus erros, Davi se arrepende de seu ato: "Senhor, tem piedade de mim, cura-me, pois pequei contra ti" (2Sm 11,13). A criança que nasceu de Betsabeia morreu cedo.

A história mostra que mesmo as pessoas piedosas nem sempre conseguem se proteger do vício da luxúria. Portanto, é uma admoestação para todos, para não se sentirem inatingíveis em sua piedade. O vício da luxúria pode vir sobre nós a qualquer momento. Portanto, devemos ser vigilantes e, ao mesmo tempo, humildes. Quem pensa que está acima de tudo está em perigo.

Evágrio Pôntico fala do demônio da fornicação, que pode atacar o monge tão subitamente quanto fez com Davi, observando Betsabeia se banhando. Evágrio descreve o demônio da fornicação da seguinte maneira: "O demônio da fornicação age pela ganância pelo corpo. Aqueles que vivem uma vida de austeridade ficam ainda mais ansiosos para enfrentar seus ataques do que os outros. Nomeadamente, o demônio quer que eles parem de praticar essa virtude" (Práticas 8). A luta com a sua própria sexualidade não era o foco de Evágrio. Ele sabia que as fantasias sexuais poderiam ocupar o monge. Mas ele não era inseguro. Ele sabia que as fantasias sexuais sempre saem do controle quando o monge fica frustrado. Portanto, ele tinha que se transformar através dos Salmos, cantando emoções positivas. Mas a verdadeira cura para Evágrio era o amor. Somente quando a sexualidade é transformada em amor o monge consegue um relacionamento saudável com ela. Torna-se uma fonte de vitalidade sem ser dominada.

Muitos cristãos tentam constantemente lutar contra a luxúria para suprimi-la. Mas quanto mais fazem isso, mais forte a luxúria fica. E muitas vezes ela surge em pessoas piedosas, mas com poder indisciplinado. A transformação da luxúria não pode consistir em sua opressão, mas apenas pela substituição por *eros*, a força que une tudo o que está separado. Para os gregos *eros* era o amor cobiçoso, atraente e fascinante.

Em toda ganância sexual, em última análise, está o desejo de unidade, de êxtase e de prazer, e a luxúria tem sido frequentemente vista de modo negativo não apenas pelo cristianismo; até mesmo a filosofia estoica via o prazer como a queda do ideal de equanimidade ou ataraxia. A luxúria está bastante associada a emoções na filosofia estoica; ela via que o ideal era o homem completamente determinado por sua razão. Mas nem o estoicismo nem o cristianismo conseguiram impedir a luxúria. Portanto, existem maneiras de aceitá-la e transformá-la.

Um dos caminhos é pela cultura da sexualidade vivida em parceria e amor. Para que a sexualidade tenha sucesso, requer muita sensibilidade de ambos os parceiros. Ela é a culminância do amor, mas quando falta ternura, não pode ser vivida adequadamente. Portanto, a sexualidade é um desafio constante para ser trabalhado no relacionamento homem-mulher, para entender e aceitar o outro da melhor maneira possível.

Mas é preciso ter disposição para se abrir ao outro e se entregar a ele, e a sexualidade sempre está baseada na dedicação. E esse compromisso, que se condensa no ato sexual, deve ser praticado na vida cotidiana em conjunto.

A outra maneira de superar a luxúria é renunciar à sexualidade da maneira como é vivida no celibato dos sacerdotes e religiosos/as, como também das pessoas solteiras que conscientemente decidiram viver sem um parceiro/a. Muitas dessas pessoas escolheram esse caminho para evitar ou reprimir sua sexualidade. Mas isso não é suficiente, pois quanto mais alguém oprime ou foge dela, mais forte ela se torna. Por outro lado pode ocorrer formas patológicas de opressão, que muitas vezes se desenvolvem em escrúpulos ou comportamentos compulsivos; a sexualidade reprimida também pode ser manifestada na forma de vaidade e desejo. A transformação da luxúria no caminho da renúncia só é bem-sucedida quando a pessoa enfrenta sua sexualidade e a experimenta como uma força positiva, transformando-a em cultura; Sigmund Freud disse que a sexualidade é o fator cultural por excelência, sendo que a pintura, a música, a poesia e todas as artes giram em torno do *eros*. Além da cultura são necessários bons relacionamentos com homens e mulheres para que o *eros* possa ser bem-vivido; é preciso ter criatividade para isso.

A sexualidade quer ser transformada em criatividade, em fertilidade, em fluxo; ela quer nos levar à transcendência. Portanto, o misticismo sempre foi uma maneira importante de transformá-la, e somente uma sexualidade transformada nos protege da luxúria. Mas a sua supressão ou repressão sempre leva ao surto da luxúria.

O psiquiatra italiano Roberto Assagioli acredita na possibilidade de transformar a energia sexual em espiritual, e diz que muitos místicos conseguiram isso. Mas essa transformação só pode ser bem-sucedida se as energias sexuais não forem reprimidas nem suprimidas hostilmente. Assagioli cita dois autores que confirmam o caminho da transformação da energia sexual para a espiritual. Um deles é São João da Cruz, que disse: "Somente o amor superior pode derrotar o inferior". O outro citado é Artur Schopenhauer, para quem o despertar da sexualidade, obviamente, sempre traz consigo uma energia espiritual: "Nos dias e noites em que a tendência a cobiçar o mais forte é [...] então até mesmo as mais altas energias espirituais estão [...] prontas para a atividade mais elevada" (ASSAGIOLI: 243). O caminho místico não é para todos; mas ele mostra que no cristianismo, além da supressão da sexualidade herdada da filosofia de Platão, também ocorreu a transformação da sexualidade em espiritualidade. Hoje, essa trilha precisa ser redescoberta.

Gula (*gula*)

Bernd Deininger

Comida e sexualidade são as coisas que conectam o homem ao animal e mostram mais claramente sua naturalidade. Comer é o pré-requisito para um organismo existir, sem o qual a vida não seria possível. No curso da história humana, a ingestão de alimentos emergiu como um aspecto da realização cultural. Como observou o grande etnologista francês Claude Lévi-Strauss, a diferença entre cru e cozido já é uma transição da natureza para a cultura. O gesto de comer ganha sofisticação quando passa pelo processo do "cozinhar". Mais recentemente, cozinhas premiadas desfrutam de um alto nível de cultura, especialmente se elas também adotam uma tradição nacional. No caminho para a Modernidade, o desenvolvimento da culinária encontrou o caminho do natural para o cultural, ganhando um lugar de destaque.

No romantismo europeu, um dos seus representantes mais radicais, o romancista Novalis, mostrou como as fomes do estômago, do olho, do coração e da alma estão relacionadas, sendo que a refeição comunitária é para ele um ato simbólico dessa associação. Novalis também afirma que a comida é capaz de desfrutar e expressar todas as coisas espirituais.

O homem foi para o final da cadeia alimentar; então, ele é um dos seres vivos que não é considerado comida. Este, também, é um aspecto essencial da realização cultural, pois em tempos em que o canibalismo era considerado normal, a humanidade, em sua naturalidade, era considerada parte do mundo animal.

Quando o Papa Gregório em seu livro *Comentário moral sobre o trabalho* delineou as cinco maneiras pelas quais podemos pecar pela gula, a comida já era uma conquista cultural dos romanos e dos gregos. Porém ele não considerou a comida como uma conquista cultural, mas enfatizou seu significado anticultural.

Por que a gula foi estigmatizada como um pecado capital? Porque tudo aquilo que se expressa diariamente em todo ser humano em fome e sede, em desejos orais, em encher-se há o perigo de buscar individualmente a felicidade, que postula o abandono de Deus. Não existe supressão dos desejos espontâneos que exige tanto de um indivíduo do que o autocontrole oral.

A ingestão de alimentos como uma necessidade humana básica é frequentemente reafirmada, sendo que, nesse sentido, o instinto, bem como os fatores psicológicos interacionais e fisiológicos desempenham um importante papel. Eles trabalham juntos e controlam o comportamento alimentar. Se uma pessoa se alimenta equilibradamente, sua chamada fase oral contribuiu muito para isso. Para não gerar raiva e medo na criança, ela deve ser alimentada equilibradamente e com os sentimentos de amor e de segurança.

No desenvolvimento mental, a alimentação também tem a função de interação. A amamentação é acompanhada da experiência de ser mantido e aquecido, bem como pelo contato com a pele e com o movimento do corpo. Esse encontro entre o bebê e a mãe é uma transmissão fundamental da experiência de um relacionamento interpessoal, que é armazenado, como uma experiência de relacionamento processual, na memória implícita. Uma satisfação oral satisfatória das necessidades é, portanto, a experiência básica de cuidado e segurança.

Em princípio, a oralidade significa mais do que o fornecimento de alimento; o elemento central da experiência é o desejo de satisfazer necessidades por meio de aquisição e incorporação, como uma espécie de necessidade humana básica.

A privação oral pode levar à irritação duradoura nos relacionamentos iniciais, o que pode prejudicar gravemente o desenvolvimento de uma estrutura psíquica saudável, sendo que o desenvolvimento oral positivo tem uma função autorreguladora. Trata-se de uma necessidade de apego e de segurança, de ser reconhecido e benevolentemente tratado em suas necessidades e caráter, como também de treinamento para a autonomia. A soma de todas essas necessidades leva a uma autoestima estável. Tão importante quanto à alimentação infantil é, em relação à amamentação, a adequada e oportuna "decepção das necessidades orais", porque isso estimulará o processo de autonomia mental e promoverá o desenvolvimento dessa autonomia.

O desmame abrupto poderá causar profundos conflitos no desenvolvimento da autonomia da criança, aliados ao medo da perda. Esses conflitos formam a base para os conflitos posteriores de individuação, autonomia e identidade.

Esse cuidado inicial poderá impedir futuros transtornos alimentares psicogênicos, como a anorexia e a bulimia.

É mister pontuar que a gula e o excesso de peso necessariamente não entram na categoria causa e efeito. Gula é uma maneira de comer, excesso de ingestão, enquanto que o excesso de peso, a obesidade, designa uma condição física. Nesse ponto, deve-se notar que "comida demais" não tem relação com gordura.

Por causa de sua posição central e interpretação diversa, o modo oral de relacionamento é facilmente perturbado e, portanto, adequado para ocupar uma posição de destaque no círculo de conflitos interpessoais.

Já que os transtornos alimentares são baseados nesse modo de relacionamento, eles são um extenso campo de grande importância para representar as falhas das relações interpessoais. Entretanto, eles não apenas indicam distúrbios da vida oral, mas, em particular, problemas na regulação da segurança básica, da autoestima e da autonomia. Por um lado, expressam a necessidade de cuidados; por outro, servem à autoafirmação e à estabilização dos limites do ego ameaçados. Para explicar psicanaliticamente os efeitos da gula, discorro a bulimia nervosa, que foi descrita pela primeira vez por volta de 1980, nos Estados Unidos. É uma doença recorrente em mulheres e caracterizada por desejos animalescos de comida, seguidos de sentimentos de culpa e medo.

O termo bulimia vem do grego e significa fome de boi (*bous* = boi; *limós* = fome). É uma doença que comumente ocorre no final da adolescência ou no início da idade adulta. Ela é seguida de surtos e está associada a intenso sentimento de vergonha, portanto, sendo mantida em segredo por um longo tempo. O tratamento muitas vezes é procurado quando ela já está instalada há muito tempo. O ponto crítico da doença está na exacerbada preocupação com a comida, associada a ataques de ânsia e ao desejo de ingerir grande quantidade de alimento, como se essas pessoas fossem "bois". Para evitar a obesidade, são práticas comuníssimas o uso de laxantes ou o vômito forçado. A vida gira em torno do "tudo é comida", ocasionando grande sofrimento. Como há muitos sentimentos de vergonha e culpa por causa da doença, as pessoas afetadas se afastam cada vez mais dos contatos sociais, para evitarem, tanto quanto possível, a exposição da doença.

Embora a psicodinâmica da compulsão alimentar seja complexa, é calcada principalmente na satisfação supostamente negada em outros aspectos emocionais. As pessoas afetadas pela doença tendem a reprimir suas necessidades instintivas; elas são inconscientemente gananciosas e temem que isso possa abalar o amor dos outros por elas.

Nesse aspecto, a ganância físico-oral é a expressão de uma necessidade espiritual e anseio por relacionamentos, por meio dos quais essa ganância é neutralizada na alma como se fosse na esfera física. Em pessoas com distúrbios alimentares, especialmente bulimia, os estados depressivos, que são muito fortes e podem levar a impulsos suicidas, são sintomáticos. Os pacientes relatam sentimentos de vazio e apatia, que desencadeiam compulsão alimentar. Esta passa a ter a função de redução de tensão que, por um curto período de tempo, pode eliminar o vazio.

Além dos fatores psicodinâmicos descritos acima, os fatores genéticos também desempenham um papel importante. Está provado que nas famílias em que há transtornos alimentares ou outros tipos de transtorno, todos os seus membros são atingidos. Fatores socioculturais também são influentes; isso tem maior incidência no sexo feminino, ocorre mais em países industrializados ocidentais, tendo aumentado significativamente nas últimas décadas. Nesse contexto, o ideal de emagrecimento e beleza nos países ocidentais tem grande importância; exemplo disso é a expectativa de grande parcela das jovens procurar ser o mais magras possível. O emagrecimento está associado a "ajuste físico", sucesso, desempenho profissional, à atração aos parceiros em potencial. Nesse contexto, as pessoas com sobrepeso são cada vez mais rotuladas como preguiçosas, estúpidas e descontroladas.

Muitas publicações endereçadas ao público feminino chegam a afirmar que toda mulher pode "ajustar seu corpo". A variedade de dietas, medicamentos e conselhos é inumerável, movimentando enormemente o mercado consumidor e, inclusive, internalizando-se na sociedade e, obviamente, pelas mulheres. Constata-se que os transtornos alimentares são mais prevalentes nos países industrializados ocidentais, e menos nos países em desenvolvimento, devido ao excesso de oferta de alimentos e à mudança de hábitos alimentares. Rathner e Messner mostraram que 28% das mulheres australianas saudáveis, na faixa dos 11 aos 19 anos, já fizeram pelo menos uma dieta e que 33% delas, nessa faixa etária, mantêm dieta constante.

Pode-se supor que o desejo interior de ser magro é um importante fator desencadeante de transtornos alimentares. Fairburn et al. (1997) mostraram que pacientes com bulimia desde a infância tinham baixa autoestima, eram mais ansiosos e tinham menos amigos do que os demais. Cerca de 30% deles também apresentaram depressão grave antes do início do transtorno alimentar. Tudo isso está muito relacionado a graves falhas na educação. Também esses autores constataram que na família dessas pessoas, 23% dos pais tiveram depressão e 24% deles têm ou tiveram dependência de álcool. Pesquisas referentes ao grupo saudável indicaram 4 e 5%, respectivamente. Foi constatado que na famílias dos bulímicos falava-se mais sobre alimentação e peso, que os pais muitas vezes estavam acima do peso e que 40% dos pacientes também estavam acima do peso na infância.

Nos pacientes bulímicos que tratei, pude observar grandiosas necessidades de cuidado, expectativas irrealistas de outras pessoas associadas a erros de autoavaliação. Além disso, dúvidas sobre a identidade do papel sexual geralmente eram acompanhadas do sentimento de não ser desejável como homem ou mulher. – Nesse sentido é importante observar que o cuidado em relação à satisfação alimentar na infância não pode se tornar um substituto da atenção emocional.

Esses pacientes muitas vezes foram crianças que costumavam receber tristeza "goela abaixo". De um modo geral isso está associado a sentimento de culpa dos pais, que acreditam, por exemplo, que por causa de seus próprios problemas não dão, ou dão pouco, aos filhos. Dessa forma, estes não desenvolvem um sentimento real da própria capacidade, como também não adquirem uma visão mais realista do mundo circundante. A superproteção os leva a se sentirem sempre confortáveis e dependentes, com todos os obstáculos removidos de sua vida.

A bulimia pode ser desencadeada, por exemplo, por perda de objetos, insultos e decepções nos campos pessoal e profissional. Quando as pessoas são jovens, as causas normalmente decorrem da separação dos pais, de decepções com parceiros em potencial ou expectativas de desempenho estabelecidas por elas próprias e não realizadas. Assim, a comida pode funcionar como um substituto para o amor perdido, não correspondido, admiração e afirmação no sentido de conforto pessoal, de modo a gerar uma sensação de independência do ambiente decepcionante. A ingestão excessiva de comida denota agressividade interna e autodestrutividade, numa determinação de levar o corpo a ser disforme, com aparência pouco atraente e até mesmo repulsiva.

Do ponto de vista psicanalítico, a gula, no sentido de comer em excesso e ter o costume de "beliscar", é uma doença que geralmente decorre do desenvolvimento mental perturbado. Fora da patologia, no entanto, há muitos outros aspectos de se "ingerir" cultura na forma de comida. A moral do "comer" era, além da moralidade do ascetismo e moderação, firmemente ancorada na memória coletiva. Por exemplo, a intemperança era considerada um sinal de força em populações constantemente ameaçadas pela fome, como sinal de prudência na aristocracia opulenta e como sinal de posição na alta burguesia. Com a entrada de especiarias exóticas, como gengibre, canela, cravo, que se espalharam por todo o século IX nos mercados francês, alemão e italiano, desenvolveu-se a cozinha. Mesmo as Cruzadas, que começaram no final do século XI, não trouxeram ascetismo aos povos do Oriente, como era exigido pela cultura cristã, mas foram os ocidentais que incorporaram um refinamento adicional à cultura alimentar. A estigmatização da gula, no conceito do Papa Gregório, é, portanto, apenas uma faceta da imagem contrastante da cultura culinária europeia.

O judaísmo, porém, reconhece e cultiva o desejo por comida como uma parte divinamente ordenada da existência humana, contrastando com a tradição cristã – embora seja um desejo natural com o qual nascemos. A fome voluntária, em nome de uma regra predeterminada, é uma das formas mais características de submissão, porque não pode ser feita sem autocontrole.

Por sua vez, o autocontrole requer mortificação do próprio corpo, especialmente se a pessoa não quiser provar isso a ninguém, a não ser a si mesma. Atualmente, muitas pessoas passam fome, não em função de preceitos religiosos, mas porque querem atender aos ideais atuais de beleza e de saúde; muitas pessoas, por exemplo, consideram lixo tóxico alimentos ricos em colesterol. A Bíblia não é lida como na Idade Média; no lugar da Sagrada Escritura consultam-se nutricionistas; em vez da oração da manhã faz-se o ritual de pesagem; em vez de peregrinar as pessoas malham. E dentro disso são tomadas várias direções. Alguns, por exemplo, ingerem o mínimo possível de carboidratos; outros, o fazem em relação à gordura. Sob o disfarce da pesquisa médica fala-se de derrame e pressão alta, sendo que a base empírica geralmente não é muito mais viável do que a dos contos de fadas. Fumantes são mostrados em maços de cigarro com os pulmões comidos pelo câncer, o que dá uma sensação nada diferente da imagem de um pecador torturado com alicates brilhantes, numa pintura de Hieronymus Bosch. Ambos visam emoções iguais: má consciência e medo.

Assim, pode-se constatar que o pensamento medieval e o pensamento atual são bastante semelhantes. No entanto, isso é apenas uma impressão que se tem à primeira vista, porque o fator básico mudou: a justificação da autocompulsão. Antigamente era em nome de Deus, hoje em nome de si mesmo. A problemática sobre o assunto da nutrição não mudou, sendo que hoje esse assunto ocupa a mente na mesma proporção. A diferença é que não se peca contra Deus, mas contra si mesmo, contra a saúde, a expectativa de vida e a aparência. Não se é mais punido com futuros tormentos infernais, mas pelos imediatos arredondamentos da barriga, acúmulos de colesterol no fígado ou resíduos de alimentos tóxicos no corpo, e isso se manifesta em "sermões penitenciais" sobre hambúrgueres ou salsichas-al-curry com batatas-fritas.

Lidando-se, assim, com a comida e a sua ingestão, perde-se o bom momento da refeição, da apreciação da arte culinária, do ambiente agradável com companheiros de conversa interessantes, e isso é uma pena. É preciso, portanto, encontrar o equilíbrio entre os dois extremos; o que é, certamente, um grande desafio para as pessoas da atualidade. No mundo medieval havia um ponto intermediário entre jejum e gula; ou seja, um meio-termo. Hoje, a questão é encontrar uma alternativa para uma refeição congelada ou uma sopa pronta.

Se alguém cozinha algo bom, permite-se fazer algo agradável a si próprio. Na cultura alimentar da Idade Média, as reuniões à mesa tinham a sua importância; a herança greco-romana do simpósio e o legado germânico do comer tinham muito mais influência na dieta do que o princípio do ascetismo. A experiência coletiva da fome, assim como a lembrança das fomes passadas e a expectativa de fome no futuro, eram suficientes para compensar moralmente a gula em tempos melhores e tirar da comida qualquer ligação com o pecado. Assim, o homem medieval era um comedor entusiástico e sorridente, que também sempre se interessava pelas especiarias importadas e aceitava o que os mercados tinham a oferecer. Já as pessoas do século XXI baseiam sua austeridade e redução dos alimentos na proteção contra a autoagressão.

Ao contrário da Idade Média, quando as pessoas "enchiam alegremente suas barrigas", as pessoas da atualidade se aproximam da comida com reservas e lutam contra "a tentação de encher a barriga". Muitos alimentos são associados a resíduos de pesticidas, conservantes e aditivos geneticamente modificados, significando que a ingestão de alimentos pode potencialmente destruir o corpo, a ponto de a comida ser considerada um "meio de morte". Dessa forma, para muitos de nossos contemporâneos, a cultura da comida – e, com isso, o prazer do contato humano – desapareceu completamente.

No curso da história humana a comida sempre desempenhou um papel importante em diferentes sociedades. Não se trata de um mero consumo, mas de uma experiência profundamente social e formadora de identidade.

A comida nos define simbolicamente pelo lema: "Você é o que come"; o que comemos mostra de onde viemos, que posição assumimos na sociedade e o que é importante para nós. Dessa forma, as refeições em comum muitas vezes foram o amálgama de laços sociais, desempenharam um papel central na evolução, reunindo homens e mulheres nos lares e ajudando a moldar comunidades maiores. Ainda hoje, o jantar é um desafio em muitas famílias para promover os relacionamentos familiares. Há estudos mostrando que as pessoas das famílias que comem juntas são mais positivas e têm melhor padrão de comunicação na educação de seus filhos, que são mental e fisicamente mais saudáveis na escola. Numa cultura que consegue preservar a boa comida, no sentido prazeroso e social, faz-se comunidade em vez de promoção de isolamento; diversidade em vez de mediocridade e monotonia.

A seguir, cito um estudo de um caso para ilustrar a patologia da glutonaria, conforme a conhecemos na bulimia nervosa ou na síndrome da compulsão alimentar.

Um homem de 25 anos de idade procurou-me para tratamento; apresentava-se bem-proporcionado e tinha peso normal. Relatou-me que havia trabalhado em várias empresas depois de completar seus estudos de administração, mas geralmente desistia do emprego depois de 6 a 8 meses, porque não conseguia se enquadrar em equipe. Quando, desapontado, estava sozinho em casa, costumava se encher de doces até chegar ao vômito. Depois dessa compulsão passava a se sentir muito mal e culpado, com um grande vazio, falta de sentido na vida; ficava profundamente triste e chorava por falta de motivação. Além das dificuldades profissionais, também tivera muita dificuldade no relacionamento com as mulheres; conseguiu ter seu primeiro relacionamento aos 19 anos de idade, mas sempre manteve sua independência.

Sempre se sentiu "devorado" pela proximidade emocional da parceira. Quando ocorria uma distância da namorada após um conflito, ele se sentia melhor; depois ficava triste. Quando a namorada lhe falava afetuosamente sobre planos para uma vida futura, ele sempre se afastava. Após cinco anos, ela o deixou. A partir disso passou a ter relações de curto prazo e desenvolver um forte desejo de conquista. Porém, quando conseguia conquistar uma mulher e ter relacionamento sexual, imediatamente perdia seu interesse por ela.

De sua história de vida, o que direi é notável: ele cresceu como segundo filho num lar muito rico. O pai era um notário muitíssimo respeitado e tinha muitos clientes internacionais, o que lhe propiciava fazer constantes viagens internacionais. Muito cedo meu cliente descobriu que seu pai mantinha relacionamentos com outras mulheres, normamente de curto prazo; mas sua mãe tolerava isso.

Ele tinha um relacionamento ambivalente com o pai; por um lado o admirava, e por outro o desprezava. Mas ele sempre procurava demonstrar seu afeto, enchendo-o de presentes e de dinheiro, com o qual ele satisfazia imediatamente todos os seus desejos. Assim, por exemplo, aos 18 anos pôde comprar um carro esportivo.

Sua mãe era uma mulher "emocionalmente estéril". Estudara literatura e trabalhava como editora num grande jornal, e também viajava muito. Ambos os pais levavam uma vida bastante independente. Meu cliente sempre se sentiu rejeitado pela mãe. Quando ele tinha 2 anos, uma irmã 4 anos mais velha morreu em um acidente. Sua mãe fazia questão de lhe dizer que ela era mais ligada à filha do que a ele; e de modo velado, dava a entender que, se pudesse escolher entre ele e a irmã, preferiria que fosse ele quem tivesse morrido. Não obstante, ela também o adulava com coisas materiais, realizando todos os seus desejos. Quem realmente cuidava dele eram as babás, que mudavam com frequência; davam-lhe o máximo afeto possível, mas quando ele estava emocionalmente ligado a uma delas, ela era demitida.

Portanto, ele nunca aprendeu a manter um relacionamento emocional estável, só tinha sido "enchido" com coisas materiais; fora isso, estava sempre sozinho. Sempre se sentiu muito dependente da opinião alheia; na escola, era muito popular por causa de sua riqueza e das coisas que possuía; muitos de seus amigos eram "amigos comprados". Ele sempre teve a sensação de que não era querido como pessoa, mas em função do que podia oferecer, de modo que sempre se sentia explorado.

O surto de desejos de comida e o acúmulo de bens materiais para se sentir externamente bem se intensificaram depois que sua namorada o deixou e quando ele sentiu que não conseguia trabalhar em equipe.

Do ponto de vista psicodinâmico, a autoestima variava rapidamente entre uma considerável autossuperestima narcísica e uma completa desvalorização de si mesmo. Por um lado, ele tinha a sensação de poder alcançar e mover tudo; por outro, sentia-se dependente das outras pessoas. Era importante para ele que elas o reconhecessem e apreciassem. Não suportava críticas, e quando elas ocorriam, ele se sentia profundamente ferido. Em relação às frustrações externas menores, ele desenvolveu sentimentos de insignificância, combinados com impulsos suicidas. Mal conseguia ficar sozinho; sentindo-se assim, era levado a se torturar, à maneira de compulsão. Nessas ocasiões era levado ao desejo incontrolado por comida e a destruir ou jogar fora coisas caras. Assim, no estágio inicial de seu desenvolvimento, ele permaneceu entre os anseios por dependência e por autonomia. O excesso de oferta material por parte dos pais e a frustração emocional e rejeição, causadas por sua mãe, levaram-no à impossibilidade de construir uma autoestima estável.

Ele não tinha consciência dos limites e da medida para lidar com as coisas; desenvolvera a sensação de ter que pegar tudo o que podia, como também de destruir o que havia recebido, o que o levou a um enorme sentimento de culpa.

Seu vício de ostentação era contrastado pelo vazio interior; nele havia a sensação de nulidade e a arrogância de ter tudo sob controle.

Ao longo da terapia de dois anos, a questão foi lhe proporcionar uma relação emocional sólida, dando-lhe a sensação de que tudo aquilo precisa realmente existir; não tendo necessidade de cair em exageros. Foi decisivo para a cura da "glutonaria" o reconhecimento de que não seriam coisas externas que o caracterizariam como ser humano, mas sim uma relação emocional significativa; não o que ele podia mostrar externamente.

No final do tratamento, ele conseguiu falar aos pais sobre sua falta de afeto e deixar claro que o sentimento "você vale algo para nós" é mais importante para ele do que coisas materiais. Como resultado, sua mãe conseguiu falar sobre seus sentimentos de culpa em relação a ele, especialmente com referência à irmã morta.

* *

Anselm Grün

Na arte, a indulgência costuma ser retratada como camponesa, que come e bebe insaciavelmente. Quando a gula é retratada, aparece uma mulher obesa segurando uma galinha assada numa mão e uma jarra de cerveja à boca, segurada por outra. A intemperança era mostrada sobretudo em forma de comida e bebida. Por isso, ela costumava ser chamada de gula. Refere-se ao excesso de comida e bebida.

Há pessoas que não têm medida, não conseguindo desfrutar da comida e da bebida; apenas vão se empanturrando mais e mais. A palavra latina *gula* significa garganta, por onde a comida e a bebida passam; portanto, está relacionada a festa. Já a palavra alemã *Völlerei* (glutonaria) refere-se à totalidade; a pessoa se enche de comida e de bebida até ficar *totalmente* cheia.

A Bíblia faz muitas advertências contra a embriaguez e a gula, e um sermão moralizante não tem o poder de conter essas práticas; também a vontade por si poderá fazê-lo. Primeiramente é preciso identificar suas causas, para que depois possam ser transformadas.

A gula e a embriaguez são vícios para uma grande parcela de pessoas, muitas vezes decorrentes de nostalgia reprimida. O desejo de comer desequilibradamente muitas vezes esconde o anseio por amor; aquele se torna um substituto deste, num querer estar "cheio de amor". Outra causa para esse vício é querer estar no centro das atenções. Quanto a essa causa, embora muitas pessoas obesas se sintam envergonhadas por sua aparência, há outras que nutrem o desejo de serem importantes, "pessoas de peso" entre as outras.

Já o vício da embriaguez pode estar travestido pelo desejo de se sentir bem, seguro, confortável. O viciado quer escapar da atmosfera fria que o rodeia, ingerindo álcool descontroladamente; assim, ele esquece dessa situação.

Obviamente, nem o vício da comida nem o da bebida têm o poder de satisfazer os legítimos anseios por amor e acolhimento. Pelo contrário, esses vícios, como qualquer outro vício, levam a pessoa a ter um desconforto ainda maior diante daquilo que os motivou; ela passa a sentir envergonhada e pior do que "antes da queda", ocasionando um ciclo vicioso, na tentativa de encobrir a falta de amor e os sentimentos negativos com comida e bebida.

Oposto ao vício de ingestão descontrolada em comida está a anorexia, que também gira em torno da comida. Aqui objetiva-se comer o mínimo para perder peso, e isso pode ter diferenças. Para um grupo de pessoas, os anoréxicos têm em mente a moda atual: serem o mais magros possível. Mas não conseguem encontrar um equilíbrio nessa prática; são continuamente atormentados pelo medo de comer além da medida. A anorexia também pode ser uma compulsividade. – Certa vez ouvi de uma mulher jovem: "Essa é a única coisa que posso controlar". Os anoréxicos querem se controlar, como uma espécie de libertação do controle dos pais; eles querem escapar do controle deles por meio do controle de si mesmos, comendo o mínimo possível.

Como todos os outros vícios, a anorexia somente pode ser curada se for transformada em anseio. A disciplina certamente ajuda, mas não basta. Faz-se necessário a tarefa espiritual de transformar a anorexia em anseio; a questão é como fazer isso. O primeiro passo é reconhecer o anseio escondido atrás do vício. Pode-se dizer que, de um modo geral, o desejo por amor está por trás do desejo por comida, e por trás da embriaguez está o anseio por alegria e segurança. A anorexia tem a ver com um desejo de beleza ou de estar no controle de si mesmo em meio à insegurança da vida; no entanto, essa explicação é um tanto generalizada, porque, para cada caso, há um determinado anseio. O vício sempre traz um propósito; por isso, ele não deve ser imediatamente condenado, mas compreendido; a pessoa que o carrega precisa compreender por que não consegue parar de comer ou beber, o que a obriga a fazê-lo sem resistir.

O segundo passo seria encontrar outras maneiras de lidar com seu anseio. Em última análise, todo e qualquer anseio é voltado para Deus. Mas, antes de se voltar ao anseio e focá-lo em Deus – que é o único capaz de satisfazer completamente toda necessidade de amor, beleza, unidade e autossuficiência –, a pessoa precisa encontrar maneiras humanas de satisfazer equilibradamente seu desejo; é salutar poder administrar as próprias lacunas.

No caso de dependência alimentar, a pessoa, a título de exemplo, poderia se perguntar: O que preencheria esse meu vazio? Eu costumo tentar preenchê-lo com comida para que não o sinta. Mas também eu poderia suportar isso. Pontuo aqui que no budismo a experiência do vazio chega a ser uma importante experiência espiritual. – Quando estou vazio de tudo, também estou aberto ao divino, dizem os budistas. Para o cristianismo, o vazio pode ser um meio de experiência espiritual, sendo chamado de *vacari deo*: ser vazio para Deus. Quando estamos vazios também estamos livres de tudo o que pode nos tornar dependentes. A psicologia, por sua vez, nos diz que o vazio pode ser uma oportunidade para o cérebro fazer novas conexões; ou seja, ser criativo. Em vista disso é importante lidar com o vazio sempre de uma maneira diferente.

Inicialmente o vazio costuma deixar as pessoas com medo, porque propicia que elas sejam confrontadas com sua própria verdade, e esta frequentemente é marcada por desapontamento e frustração. Nesse particular, o comer e o beber podem ser uma fuga dessa decepção. Porém, quando o desapontamento é encarado, torna-se uma maneira de aceitar a própria limitação e carência. Aqui é importante frisar que o caminho para a reconciliação com o desapontamento é o luto; é preciso lamentar que a vida não satisfaz os meus anseios e desejos; que alguns sonhos não se cumpriram ou se romperam depois de uma breve realização; é preciso chorar pela própria limitação.

O anseio subjacente à anorexia é a beleza e o controle. Como é possível lidar de uma outra maneira com esse desejo? É preciso frisar que a beleza não depende apenas da aparência. Em alemão, a palavra *schön* (linda) vem de *schauen* (olhar). E, desde os ensinamentos de Platão, a beleza sempre esteve associada ao amor. Nós amamos a beleza e a beleza desperta o amor em nós. Quando alguém olha amorosamente para mim mesmo, sente-se bonito. Feio é apenas aquele que se odeia. – O anoréxico corre o risco de se odiar, ver-se feio, porque não é o que ele quer ser.

A palavra *schön* também pode ser derivativa de *schönen* (guardar, preservar); assim, a pessoa é bela quando se "preserva", quando se deixa ser como é. O anseio pelo controle é o anseio de moldar a própria vida em vez de ser determinado pelos outros, mas esse controle pode se tornar um grilhão. Em última análise, a razão para o controle reside no medo de si mesmo; o receio de que exista em si algo desconhecido, mau, ruim, algo que não pode ser trazido à luz. É daí a necessidade de controle.

Esse desejo de controle pode perder sua força quando a pessoa passa a considerar que nem tudo nela é ruim e que sua parte menos boa pode ser transformada quando é entregue a Deus. Assim, ela pode se aceitar, experimentando paz interior e liberdade.

Como vimos, todo o anseio é voltado para Deus; anseio pela beleza, pelo amor, pelo sucesso, pelo reconhecimento... Já na saudade, sentimos nossa carência, que também precisa ser preenchida de maneira humana, tornando-nos belos, interagindo com pessoas que amamos, trabalhando apaixonadamente para ter sucesso. Mas, para nos sentirmos em estado de completude, precisamos igualmente direcionar nossas realizações humanas para Deus. – Mesmo tendo sucesso em nossas realizações, sendo campeões mundiais em determinado esporte etc., permaneceremos insatisfeitos; somente Deus pode nos satisfazer. É por isso que Santo Agostinho pronunciou a clássica frase: "Fizeste-nos para ti, e inquieto está nosso coração enquanto não repousar em ti". – Agostinho era o teólogo do anseio.

Assim, todas as pessoas que aspiram apaixonadamente por algo anseiam por Deus. Basta, portanto, entrar em contato com o desejo. Isso mantém as pessoas vivas!

Preguiça (*acedia*)

Bernd Deininger

A pessoa que é letárgica demonstra falta de interesse pela vida. Seus conflitos são evitados e contornados, sua motivação para fazer qualquer coisa é diminuída. A inércia, como um sintoma da preguiça está associada à depressão.

No início do cristianismo, o conceito de preguiça era entendido como um sono da alma e, portanto, era mau porque em 1Ts 4,9-12 Paulo indicou que não se deve ficar ocioso. Mas na época não se fazia distinção entre inércia e ociosidade, não se apontando a necessidade do lazer. Na tradição medieval, especialmente em Tomás de Aquino, a inércia era descrita como uma tristeza que inibe toda a vida, como um afrouxamento da mente, que não se volta para o bom e o importante. A letargia, em sua forma negativa, estava associada a termos como aversão, repulsa, indiferença e correlatos.

Na Modernidade o termo ganhou novas conotações. Situações da alma, como tédio, cansaço, repulsa e indiferença, passaram a ser vistas como a separação do ser humano consigo mesmo e com o mundo. A preguiça, no caso, está muito mais relacionada a impulso, seja interno ou externo. E aqui abrimos espaço para falar do impulso, que é um potencial energético disponível ao homem, que ele normalmente pode controlar com a sua vontade e que é para ele uma fonte de poder em suas realizações mentais e físicas.

No entanto, o impulso das pessoas não é uma grandeza física mensurável nem algo que possa ser constatado laboratorialmente, como no exame de sangue. Na verdade, ele somente pode ser observado como um movimento comportamental sujeito a variadas maneiras de se apresentar, bem como a grandes flutuações.

Assim, por exemplo, uma pessoa saudável, entristecida por um motivo real, poderá vivenciar paralisação interior, cansaço, falta de iniciativa e de compaixão... Em condições patológicas, isso é muito mais dramático. Na síndrome depressiva, a título de exemplo, o impulso poderá ser significativamente reduzido, na maioria dos casos; e, em casos graves, pode chegar ao completo desaparecimento. Isso pode ir tão longe, que os seus portadores poderão se tornar incapacitados para se mover sozinhos, negligenciando tudo o que lhes diz respeito; se deixados à sua própria iniciativa poderiam morrer de sede e de fome.

Em muitos tipos de depressão, no entanto, além das três principais funções mentais que podem ser prejudicadas – o afeto, a direção e o pensamento –, também podem ser encontrados sintomas fisiológicos. Para um grande número de pessoas a tristeza ocasionada por determinado evento externo pode ser sentida no corpo. De certa forma pode-se dizer que "o corpo chora com a alma". Se o corpo foi gravemente afetado pelo luto ou se a depressão se estabeleceu na pessoa, então o instinto de preservação dará lugar ao seu oposto, ao "instinto de morte", como Freud o categorizou.

O psicopatologista Kurt Schneider descreveu nos anos de 1930 o "afogamento" dos sentimentos vitais, que ele classificou como uma forma grave de depressão; pessoas vitimadas por comprometimento físico-vital, como a inércia, podem ser atingidas por insônia, apneia, indigestão, dor e desconforto em todo o corpo. É possível a ocorrência dessas manifestações físicas antes da descoberta da depressão; por isso, elas muitas vezes não são reconhecidas como consequência do quadro depressivo. Nesses casos há uma manifestação da "depressão menor", ou "depressão sem tristeza".

Uma outra associação importante à preguiça é a melancolia. O conceito de melancolia está fortemente relacionado à história cultural do homem. Especialmente na era moderna, ela voltou a ganhar grande atenção, não apenas no campo da psiquiatria e da psicanálise; foi retomada e está sendo utilizada por poetas, literatos, historiadores de arte, sociólogos e filósofos. Gostaria de mencionar Aristóteles, a quem é atribuída a afirmação de que todas as pessoas excepcionais na política, na poesia e na arte são melancólicas. Immanuel Kant dividiu a melancolia em duas partes; uma delas como patologia, a outra como sentimento positivo e produtivo. Para este pensador, a melancolia é um sentimento pelo sublime; o melancólico suspira por liberdade, rejeita toda forma de submissão e não gosta daquilo que é externo. Kant descreve isso com a imagem de uma corrente; ela pode ser banhada a ouro, mas é feita de ferro para conter prisioneiros. Friedrich Schiller – que não conseguiu dissuadir o sentimento de Kant pelo sublime – argumenta que apenas uma alma serena e calma pode conter a perfeição; que a mente do poeta não deve ser sobrecarregada por impulsos ou humores depressivos; que a clareza deve dominar seus pensamentos.

No entanto, até recentemente a imagem do artista e dos intelectuais tinha a tendência de ser enfeitada com características melancólicas; especialmente a Einstein e a Richard Strauss são creditados traços melancólicos. A relação entre melancolia e genialidade é estabelecida de várias maneiras. Nesse aspecto, o conceito de melancolia é uma constante antropológica que trata de um lado humano significativo do caráter.

Uma linguagem atualizada e mais próxima da *acedia* seria o tédio, com o qual as pessoas lutam e que podem levá-las a fantasias sádicas e autodestrutivas. Relações estreitas entre o tédio e a melancolia são frequentemente constatadas. A melancolia é um humor triste, e o pesar é um tipo especial de humor que envolve totalmente a pessoa e se irradia. Pelo fato de a melancolia impedir o contato social, é provável que ela se aposse mais facilmente de pessoas que tenham significativa deficiência de comunicação.

Os melancólicos, ao passarem por muito sofrimento, podem desenvolver a capacidade de sofrer com as pessoas. Também é possível que "infectem" outras pessoas com o próprio sofrimento para induzi-las a se sentirem semelhantes a si. A melancolia, a inércia, o tédio, o vazio interior da melancolia, no entanto, não são comunicáveis; duas pessoas melancólicas são incapazes de falar sobre o problema que têm em comum.

O luto, sendo frequentemente relacionado ao outro, é relacional; já a melancolia, sempre relacionada ao *self*, leva ao isolamento. O homem melancólico constitui o centro de seu mundo melancólico e entediante, ao qual os outros não têm acesso; isso significa que o mundo e a experiência do melancólico permanecem inacessíveis às outras pessoas, e que ele promove seu autoisolamento. Outra característica da pessoa melancólica é que ela experiencia o futuro como uma repetição estagnada do presente.

Mas, até mesmo o seu passado está calcado na experiência atual. Muitíssimas vezes o melancólico busca no passado uma confirmação para o seu humor atual. As experiências positivas são reprimidas, não percebidas ou reinterpretadas, mas aquelas que justificam o clima atual recebem um peso especial. Parece que o melancólico está enfrentando o passado como antecipação do futuro.

Nessa perspectiva há uma percepção estreita que entende o passado principalmente como uma espécie de confirmação da situação atual, e que o passado é diferente do futuro apenas porque é irreversível. Portanto, é um todo completo que não pode ser corrigido. Do passado, o melancólico traz uma certeza de sua culpa; esta é especialmente agonizante porque ele assume internamente que seu futuro será como foi o seu passado. Eventualmente, ele experimentará isto de tal maneira, que um novo começo não lhe fará sentido, pois o passado não pode ser revivido ou mudado; por tudo isso, ele concorda com a ideia de que o futuro será como o passado.

Na atual classificação psiquiátrica e psicanalítica dos transtornos, a melancolia se distingue da depressão, embora estejam intimamente relacionadas em sua sintomatologia. As considerações de melancolia até então, especialmente do ponto de vista da inércia, da falta de motivação e do humor triste, aplicam-se a ambas as formas. Agora volto à minha descrição dos casos de depressão neurótica e os explico de forma mais psicodinâmica.

A compreensão psicanalítica da depressão foi dada pela primeira vez por Karl Abraham. Ele havia descoberto seus aspectos psicológicos obscuros: os desejos frustrados de amar, o humor da primeira infância, o ódio reprimido da mãe, os impulsos cruéis e os sentimentos de culpa. Por um lado, a depressão representa o anseio insaciável pela mãe e a experiência de abandono; por outro, os impulsos de autonomia e independência. Sigmund Freud, em seu conhecido *Pesar e melancolia* (1916/1917) acrescenta a identificação narcisista ao objeto perdido como mecanismo central psíquico da depressão. Ele usa a imagem de que a sombra do objeto cai no ego; mostra que as autocensuras que o depressivo-melancólico expressa devem ser entendidas como censuras contra um objeto de amor, que, por sua vez, é revertido para o próprio eu. A autoestima do depressivo é ferida porque ele se sente abandonado por seu objeto (a mãe) e, portanto, queixa-se de uma necessidade especial de amor.

Em países economicamente avançados, a incidência de transtornos depressivos aumentou significativamente nas últimas décadas. Nas estatísticas de seguro de saúde sobre as habilidades de trabalho da população ocidental, a depressão assume lugar de destaque, sendo considerada, de certa forma, uma doença mental. As razões para esse aumento são diversas; por exemplo, as relações são cada vez mais objetais e individualizadas; há maior vulnerabilidade às separações, com o aumento do isolamento social; os laços familiares e comunitários são cada vez mais inconsistentes;

há um alto grau de agressão na resolução de conflitos; a "ética de trabalho" está cada vez mais rigorosa, calcando-se em mecanismos de controle, desempenho e adaptabilidade. Assim, o ego mal consegue ser suficiente, o que leva a tensões de autoestima e reações depressivas. Pessoas nessas condições ficam exauridas e passam a incorporar o fracasso, a inadequação e o desamparo.

As doenças depressivas são fixadas no nível oral. Em especial, a questão da autonomia *versus* dependência tem um importante papel. Isso significa que uma criança na fase oral – entre o 18º e o 30º mês de vida – desenvolve desejos de autonomia, mas ao mesmo tempo toma consciência de sua dependência.

Esse conflito deve ser resolvido pela pessoa-objeto primária, geralmente a mãe, de tal maneira que, por um lado, ofereça à criança uma relação de confiança caracterizada pelo amor e, por outro, apoie suas aspirações de autonomia. Se esse conflito não for bem resolvido, a depressão pode se desenvolver por meio da fixação no nível oral.

Existe um amplo acordo de todas as direções de pesquisa que praticamente não existem pessoas deprimidas que não carreguem conflitos agressivos ou reprimidos. Além desses conflitos, o distúrbio da autoestima é um fator central da doença depressiva. A pessoa afetada projeta expectativas excessivas que não podem ser realizadas, de modo que as decepções são inevitáveis.

Pesquisas nos últimos anos levaram a uma compreensão mais profunda da depressão e de suas opções de tratamento. O consenso é que mudanças duradouras nos depressivos não podem ser alcançadas somente por meio de *insights* cognitivos, mas requerem experiências emocionais intensas dentro do contexto de um relacionamento terapêutico. Em outras palavras, baseia-se nos sintomas de que tristeza, apatia, percepção de insensibilidade, lentidão e negligência só podem ser alterados se, no contexto de um encontro emocional terapêutico, for estabelecido um vínculo seguro que o torne possível, especialmente tornando visíveis e compreensíveis os impulsos agressivos reprimidos.

Em tempos mais recentes, uma outra forma de inércia se desenvolveu, obtendo um profundo sentido. O famoso filósofo Bertrand Russell, em seu ensaio *Louvor da ociosidade*, tratou fundamentalmente desse aspecto do homem e da vida humana. Ele passou a se aprofundar nessa abordagem por causa de sua educação, calcada no ditado "A ociosidade é o começo de todo vício". Foi muito difícil para ele romper com esse aspecto de sua educação, que gerou nele um senso de dever tão intenso, que trabalhar se tornou a sua palavra e atividade mais importante. Um obstáculo central no caminho do lazer parece ter internalizado essa ideia da necessidade de um trabalho ininterrupto. – Há crianças que ouvem de seus pais que elas não terão tempo para brincarem quando crescerem; que o objetivo da vida não é encontrar a felicidade brincando, lendo e sonhando, mas fazendo algo que leve a uma carreira de sucesso e lucrativa, e, assim, obter reconhecimento social.

Com toda a sinceridade devemos admitir que ansiamos tanto pelo trabalho quanto pelo ócio. Isso pode significar estar deitado num sofá gasto lendo um livro, deixando os pensamentos circularem e se expandirem além do que foi lido e deixando o dia escapar nesses sonhos até que alguém nos pergunte se queremos um café ou algo para comer. O problema é que muitos não sabem apreciar esse tipo de lazer.

A tendência é criticar esse tipo de comportamento, rotulando-o como "preguiça" e "ociosidade". Não há dúvida de que o lazer e a preguiça têm algo em comum; por exemplo, deitar-se num sofá para ler um livro ou simplesmente permanecer em pura inação. Mas é preciso distinguir esses dois aspectos a partir do estado de humor e a disposição pessoal, que podem envolver atitudes mentais diametralmente opostas.

A preguiça atrai o tédio e busca uma distração; quer conseguir um fim para a sua condição. Muitas vezes, a preguiça ocorre pela falta do que fazer. As pessoas estão sentadas sozinhas, sentindo claramente que a vida poderia ser interessante, mas não sabem como fazê-lo. O lazer, por outro lado, é algo completamente diferente; é, por assim dizer, a poderosa volta da inércia. O ócio é ativo e, contrastando com a preguiça, nada tem a ver com solidão e insatisfação pela vida. O que nos impede, em nossa sociedade, de termos esse tipo de ócio saudável? A pressão pelo desempenho nos força a comprar uma nova casa, um veleiro, roupas de *grife*, moto, artigos de luxo...

Por um lado, as sociedades de consumo intensivo são aniquiladoras do tempo e, portanto, são sociedades pobres. Por outro lado, as sociedades mais pobres são mais ricas de tempo. Em nossa cultura, o consumo desmedido, além de produzir, assumiu o caráter de obrigatoriedade social; o que significa que o lazer não é apenas criticado, mas até impedido. Por essa razão, todos devem reconhecer claramente que o lazer não surge a menos que se decida rejeitar determinadas pressões. O lazer não surge por si só, mas como resultado de uma decisão, como resultado de uma renúncia ao comportamento comum.

Na Alemanha, por exemplo, nas últimas décadas, criou-se a necessidade de as pessoas disponibilizarem tempo para si mesmas. As pessoas têm necessidade de se conhecerem melhor, de espiritualidade, de se afastarem do cotidiano e da vida repetitiva, de perceberem um modo diferente de viver. Lazer obviamente significa ter tempo e, assim, saber dominar o tempo; o ocioso livra-se do tempo, e nessa intemporalidade um sentimento de paz e felicidade poderá surgir. Já com o acomodado ocorre outra coisa; ele não quer mudar ou melhorar o mundo, mas só quer se instalar. O ocioso saudável repousa, olha, pensa ou senta, fica imóvel ou se move, mas opera. Isso não é atividade perceptível, mas espiritual; é um pensamento que também é um "ver". A esse respeito, o lazer inclui conceitos como tranquilidade e contemplação, que podem ser entendidos como interioridade. Mas isso também deve ser um processo de pensamento, porque sem uma estrutura conceitual esse acontecimento não seria tangível nem compreensível, e esse ato muitas vezes está ligado a um sentimento. Ao mesmo tempo, o olhar ocioso é capaz de trazer de volta situações que foram agradáveis e que reeditam a sensação de felicidade. Esta pode ser, por exemplo, a lembrança de uma viagem, de uma festa, da vida após a morte, de uma noite de amor cálida e erótica. O pensamento ocioso é um vagar e um circular pelas situações agradáveis, além de ser um pensamento disciplinado.

"Deixe-se levar", disse o grande místico Mestre Eckhart a seus alunos, pressupondo indiretamente que se pode deixar ir e deixar rolar com confiança. Lazer é a atitude de quem solta, vive e deixa viver; de quem se deixa levar por seus pensamentos e sentimentos. Mas isso pressupõe a convicção de que o próprio ser se mostra sustentável; ou seja, há uma ideia interna de que não se cai no vazio quando se deixa a ociosidade.

O ocioso faz todas as coisas apenas por causa das coisas; ele come porque está com fome, e o faz feliz, não porque "precisa se alimentar"; ele lê um livro para saber o que está nele e busca o prazer da leitura, e não para "estar preparado para uma conversa ou discussão". Assim, em princípio, ele tenderá a procurar as coisas, não em função de um propósito, mas pelo bem da alegria da vida. Aristóteles cunhou a famosa frase: "O homem vive por lazer, não pelo trabalho. Na melhor das hipóteses, o trabalho tem a função de lhe permitir o lazer materialmente".

Em nossa sociedade moderna pode-se observar que a identificação com o trabalho em todas as áreas está diminuindo e outros objetivos de vida estão avançando. Objetivos como contatos sociais, gozo da vida e mais tempo para si tomam o lugar dos valores até então dominantes de trabalho, realização ou posse. Como sempre, o trabalho que se acha sensato e divertido, feito individualmente ou em grupos bem-estabelecidos, é uma alta prioridade. Esses dois aspectos não são contraditórios. Uma vez que a autorrealização por meio do consumo foi garantida, agora tem emergido cada vez mais outros modos de vida, especialmente aqueles que fortalecem o lazer.

Nos últimos meses, aproveitei a oportunidade para perguntar aos pacientes que foram tratados em nossas sessões psicossomáticas para várias doenças mentais o que eles chamam de lazer. Equilibrei a quantidade de homens e mulheres e tentei selecionar diferentes idades. O mais jovem entrevistado foi um estudante do Germanistik, de 22 anos; o mais velho foi um engenheiro civil autônomo, de 66 anos. No total, foram 40 entrevistados.

Resumindo, era incrível como todo entrevistado definia "lazer" como algo concreto; sempre algo positivo e significativo para a vida. Uma área na qual as pessoas podem se divertir, uma maneira de viver em harmonia e experimentar a si mesmas, pelo menos por um curto período de tempo. Embora alguns entrevistados mal tenham tido suas próprias experiências de lazer ou tenham desenvolvido conceitos artificiais, eles foram capazes de imaginar como poderia ser. Para a maioria dos entrevistados, a serenidade foi citada como uma condição para a vivência do lazer.

As respectivas experiências de lazer foram minuciosamente descritas. Essa diversidade e as possibilidades associadas ao termo lazer foram surpreendentes para mim; abordaram experiências espirituais internas, observações da natureza, descanso, mas também a doce ociosidade, que tem um caráter relaxante. As experiências de lazer que foram descritas haviam ocorrido tanto em paz e solidão como em meio a outras pessoas. O importante para a maioria delas é que poderiam encontrar a si mesmas em seu tempo livre, dar a seus pensamentos espaço para pensar sobre o significado da existência, ou fazer coisas que não faziam sentido em termos comuns (p. ex.: limpar a adega, andar de moto). O lazer era sentido como um estado de completo descuido, uma sensação de flutuação sem objetivo definido. Também importante foi a despreocupação com o fator tempo.

Mas alguns também relataram que se sentiam culpados ou davam a impressão de serem egoístas e inúteis. Também havia temores de um período vazio no qual se poderia cair na melancolia ou na depressão. Para alguns, o lazer tinha um aspecto de recompensa: uma vez cumpridos o trabalho e o dever então, sim, poderemos ter lazer. Nesse caso, é merecido e não é preciso se sentir culpado. O que a psicanálise diria sobre isso?

O mais impressionante foi que pudemos falar de modo bem-sucedido sobre lidar com o lazer quando os entrevistados tinham uma estrutura do ego razoavelmente estável; isto é, a pessoa em questão tinha um ego relativamente flexível, capaz de estabelecer uma relação realista entre o mundo e seus impulsos internos. Além disso, é importante ter um superego não muito rígido, que não suscite sentimentos de culpa na recusa externa de deveres e trabalho.

Para poder viver adequadamente o ócio é necessário se engajar numa posição regressiva; o psicanalista Heinz Hartmann se refere à "adaptação regressiva", que leva a uma "regressão a serviço do ego". No estado de completa serenidade, experiências criativas e *insights* podem vir à tona; por exemplo, os artistas frequentemente desenvolvem processos e realizações criativas a partir de um ato de lazer.

Em resumo, o lazer pode ser um importante componente positivo e vital da existência humana. Portanto, seria importante dialogar com aqueles que acham difícil se envolver no lazer, dar espaço para a regressão a serviço do ego, ouvir e encorajar, ter experiências pessoais, trazer o estado de serenidade para expandir o quanto possível.

Também dependerá se as pessoas, por exemplo, que estão sofrendo de ansiedade ou depressão, conseguirem abrir espaço para o seu impulso interior, a pressão da consciência, o medo de perder o controle, e encorajá-las a desenvolver um senso de consciência, de modo que a serenidade interior e, portanto, o lazer, possam ser estabelecidos, o que tem um efeito curativo.

Para ilustrar mais uma vez o aspecto da inércia negativa que a *acedia* ilustra e contrastá-la com a forma positiva de inércia encontrada no lazer, trago mais um estudo de caso. Aqui, no entanto, não é sobre a história de vida de um paciente, mas sobre um mito; mais precisamente, um conto de fadas.

Existem muitos contos de fadas que apresentam como personagem principal uma figura masculina que simboliza o tema da preguiça ou inércia. No entanto, eu costumo escolher um conto de fadas que aborda a psique feminina, no qual uma mulher é a portadora essencial de ação e experiência. Isso também porque, na história cultural da humanidade, as mulheres são representantes da diligência e do cumprimento de deveres, tal como hoje, especialmente nas culturas asiática e africana. Para ilustrar isso à luz da psicologia, escolho o conto de fadas *Frau Holle*:

Uma viúva tem uma enteada e uma filha biológica. A enteada é linda e trabalhadora, a filha biológica é feia e preguiçosa. Mas a mulher só ama a filha biológica e atormenta a enteada, a quem destina todo o trabalho desagradável e que ninguém quer fazer. Também lhe dá a tarefa de se sentar junto a um poço todos os dias e fiar até os dedos sangrarem. Uma vez ela deixa o fuso ensanguentado cair no poço ao tentar lavá-lo. A madrasta a obrigou a remover o fuso, e ela não teve escolha, a não ser pular no poço, com medo. Perdendo sua consciência, despertou num belo prado, inundado pelo sol. Ela se levantou e foi até o forno. Nele, o pão gritou: "Oh, me tire, ou eu vou queimar!" A menina cumpriu aquele desejo, continuou explorando o ambiente e chegou a uma macieira carregada de frutos, que gritou: "Agite-me, sacuda-me, minhas maçãs estão maduras!" A moça obedeceu, continuou a andar e chegou a uma pequena casa onde mora uma mulher, diante da qual a menina inicialmente se assustou e, ao começar a fugir, a velha a chamou de volta e se ofereceu para ficar com ela. Prometeu que iria recompensá-la se ela fizesse todo o trabalho da casa corretamente. O mais importante seria fazer bem a cama dela. Estava nevando, e a velha era a Sra. Holle. A garota concordou e fez tudo, para sua satisfação total. Passou a ter uma vida boa, não havia insultos e ela se entendia bem com a velha. Mas um dia ela quis ir embora; então a Sra. Holle a levou para um grande portão. Quando a garota chegou, uma chuva de ouro caiu sobre ela.

A Sra. Holle lhe devolveu o fuso, o portão estava fechado e ela se viu diante da casa da madrasta. Um galo sentado no poço cantou: "Cocoricó, nossa donzela de ouro está aqui de novo!"

Quando chegou a casa, coberta de ouro, foi bem recebida pela madrasta e pela meio-irmã. Então a mãe quis dar à filha preguiçosa uma riqueza semelhante. Então esta se sentou no poço, deixou o fuso cair e depois pulou. Ela foi ao forno, mas respondeu ao pão que não queria se sujar e seguiu adiante. Também respondeu à macieira que não queria sacudi-la. Diante da Sra. Holle ela se mostrou sem medo. No primeiro dia, ela ainda pensou no ouro; nos outros dias, porém, passou a agir de acordo com sua usual preguiça e não quis trabalhar nem se levantar. Ela arrumou a cama da Sra. Holle com muita relutância, querendo dizer-lhe que não fazia sentido ficar mais tempo ali. A preguiçosa quis ir imediatamente ao portão, porque esperava o banho de ouro. Mas um grande pote de azar foi derramado sobre ela, e quando estava diante de sua casa, o galo gritou: "Cocoricó, nossa donzela imunda está aqui de novo", pois o azar não desaparece.

Neste conto de fadas, as duas meninas são desenhadas como configurações básicas opostas. Ostensivamente, esses são dois aparentes opostos de grande importância; mas se olharmos para as duas meninas representadas como uma pessoa, elas formam dois lados dentro de uma pessoa no sentido de uma ambivalência: o lado do cumprimento do dever com o desejo de reconhecimento e o lado da inércia, conforto e dependência com fortes desejos de suprimento.

As duas meninas, Goldmarie e Pechmarie, precisaram lidar com dois aspectos da maternidade. De um lado, a chamada mãe secular, que injusta e unilateralmente preferiu a filha biológica, mas a levou à indolência e dependência por favoritismo e excesso de oferta, impossibilitando-a de se voltar para a parte justa da mãe, retratada na Sra. Holle.

Pechmarie, portanto, foi excluída da porção adulta da mãe, que a deixou amadurecer e crescer, dando-lhe autonomia e independência. Pechmarie só conheceu a emocionalidade injusta da mãe e, portanto, não conseguiu encontrar sua feminilidade nem seu próprio lado instintivo. Viveu à mercê da mãe como uma criança indefesa, que só reage passivamente ao mundo, e na inconsciência tem de experimentar decepções e humilhações mediante seus impulsos e desejos.

Goldmarie, no entanto, que foi exposta aos tormentos da madrasta e permanentemente confrontada com sua imperfeição como mulher, foi mais capaz de se conscientizar de sua feminilidade ao cair no mundo da Sra. Holle, livrando-se da atitude passiva ante a madrasta e desejando realizar seu amor em algum lugar, para entrar numa atitude ativa.

Por sua própria iniciativa, que se nota desde o poço até a Sra. Holle, ela conseguiu se encontrar e desenvolver um sentimento que tem em suas próprias mãos, seja feliz ou não. Devido ao sofrimento experimentado com a madrasta, ela saltou no poço por si mesma. Aquele poço onde ela fiava – uma típica ocupação feminina na época – era um símbolo de acesso ao subconsciente e leva-a à maturidade. O poço é simbolicamente um canal através do qual as crianças vêm ao mundo; a água é o símbolo da vida mental inconsciente.

A situação retratada neste conto de fadas mostra, por assim dizer, um processo de parto no sentido de um amadurecimento. Goldmarie, que pôde romper com a mãe destrutiva, acabou se tornando uma entidade independente. O pão no forno é uma imagem da sua individualidade. Ao tirar o pão do forno, ela desenvolveu a independência e se encontrou. Pode-se dizer ainda que o pão corresponde a uma conquista cultural, que se manifesta em atenção, paciência, diligência, devoção e humildade. Com o contato com o pão, o chamado pão cotidiano, Goldmarie não se entregou simplesmente ao suprimento e à fixação num nível oral depressivo, mas desenvolveu uma consciência independente por meio de sua atividade. Portanto, ela pôde se desprender da dependência na qual se encontrava no relacionamento com a madrasta. Por outro lado, fica claro que Pechmarie, em sua altivez e egocentrismo, causados pela mãe, fracassou por causa de seus grandiosos desejos de suprimento. Sem querer romper com a mãe, ela quis experimentar o mesmo ganho; ou seja, a maturidade que a sua irmã. O aderir às suas necessidades de cuidados e à incapacidade de desenvolver sua própria identidade só lhe trouxe azar. A má sorte no conto de fadas está simbolicamente ligada a uma fatídica atitude interior à vida e a uma recusa inconsciente de se desenvolver como um ser humano independente. No conto de fadas, a preguiça, a lentidão e o conforto continuam sendo um sinal de que o conflito com a mãe carinhosa é negado, mas que é necessário ser capaz de crescer. Isso mostra que relacionamentos ambivalentes não resolvidos entre mãe e filha podem fazer com que a filha permaneça numa posição depressiva.

Para resumir, o pecado da inércia se divide em muitos aspectos. Há a inércia que leva à depressão e à melancolia, que deve ser entendida como uma fixação em um estágio inicial do desenvolvimento humano. Aqui, por medo de perder o amor através da relação objetal primária, geralmente a mãe, as aspirações de autonomia e os desejos de independência não podem se manter. O conflito, não só de formular, mas também de expressar os próprios desejos, a fim de adiar as necessidades de suprimento e possivelmente aceitar uma perda de amor, é um passo importante rumo ao surgimento da inércia, falta de motivação e falta de iniciativa. O exemplo do conto de fadas da Sra. Holle deixa isso bem claro.

Por outro lado, o nosso tempo ocioso, que ostensivamente também poderia ser chamado de inércia, está ganhando importância. A ociosidade fútil serve à regeneração de nossos poderes psíquicos e nos permite compreender o estado do que nós mesmos queremos e como nosso eu consciente pode evoluir.

Encontrar-se significa expor-se sem sentido aos pensamentos e sentimentos, entrar em conflitos e tornar-se independente das opiniões do mundo exterior.

* *

Anselm Grün

Hieronymus Bosch retrata a inércia em sua pintura como um monge que adormece durante a oração. Em outras imagens, a inércia é representada por uma fiandeira adormecida. Muitas vezes a inércia é retratada num burro como um animal simbólico. Albrecht Dürer mostra a lentidão de um estudante sentado em frente ao fogão, com o diabo dando-lhe sonhos pecaminosos. Inércia – como os artistas expressam – é uma aversão ingrata à vida; a pessoa não sente vontade de fazer nada, defende-se contra a vida, está sem energia. Toda a energia do homem é como se estivesse ligada ao inconsciente. A junguiana Anne Maguire assim descreve o letárgico: "uma obscuridade patológica o envolve como um manto. Tal humor separa o homem de Deus ou, como os junguianos o descrevem, o homem não está mais em contato com seu mundo instintivo e com o eu" (MAGUIRE: 161).

O Livro dos Provérbios descreve o homem preguiçoso, referindo-se ao letárgico, que se defende contra a vida, que não mostra qualquer impulso para conduzir sua vida pelas próprias mãos: "O preguiçoso diz: Há uma fera no caminho, um leão pelas ruas! A porta gira em seus gonzos e o preguiçoso em sua cama. O preguiçoso mete a mão no prato, mas levá-la à boca é muita fadiga. O preguiçoso julga ser mais sábio do que sete pessoas que respondem com acerto" (Pr 26,13-16). O letárgico, portanto, arranja muitas razões para não sair da cama, não fazer nada. Do lado de fora, pode haver um perigo. Ele é tão preguiçoso, que até mesmo a comida lhe pesa, e ele acha que é mais sábio do que qualquer outro, exagerando em seu humor interior catastrófico: não vale a pena fazer nada para lidar com outras pessoas, porque todas as outras pessoas são estúpidas.

A palavra *akedia* (grego) ou *acedia* (latim) não pode ser traduzida simplesmente como preguiça; isso seria unilateral. Para os Padres do Deserto, *akedia* era um demônio perigoso que arrancou o monge de seu meio e roubou sua identidade. O demônio da *akedia* também é chamado de "demônio do meio-dia", porque ele assombra o monge, especialmente ao meio-dia, que não sente vontade de fazer nada; vive cansado, lerdo e apático. Evágrio Pôntico descreve a *akedia* da seguinte forma: Um monge senta em sua cela e lê a Bíblia. Então ele fica com sono, coloca a Bíblia no chão e a pega como travesseiro. Ele quer dormir um pouco, mas não consegue. Ele se levanta novamente, olha pela janela para ver se outro monge vem visitá-lo. Então repreende os monges, dizendo que eles não têm coração e o deixam sozinho. Ele então volta para sua cela e fica bravo por estar molhado. Agora seu hábito coça. Ele quer sair de sua pele.

Aqui fica claro que *akedia* é a incapacidade de estar no momento; a pessoa quer estar em um lugar diferente daquele que está no momento, em algum outro lugar no qual se sinta confortável; a culpa está nos outros ou nas circunstâncias; não se tem vontade de trabalhar; isso é muito cansativo; não sente vontade de rezar; isso é chato; também não sente vontade de fazer nada; não se pode gostar disso.

Então Evágrio dá o seguinte conselho para escapar da tentação da *akedia*: "Na hora da tentação você não deve procurar pretextos mais ou menos críveis para deixar sua cela, mas permanecer determinado e paciente. Apenas aceite o que apresenta a tentação. Antes de mais nada, atenta para esta tentação da *akedia*, pois é a pior de todas, mas também resulta na maior purificação da alma; fugir de tais conflitos confunde a mente covarde e medrosa"

(PONTICUS, 1986: 28). O conselho mais importante, então, é ficar em sua cela para se suportar com seu tumulto interior. Deixa a tentação tentar. Mas você não deve fugir dela, pois a *akedia* é uma fuga da própria verdade.

Evágrio dá outro conselho. Ele cita um mestre do ascetismo que disse: "O monge deve sempre viver como se fosse morrer no dia seguinte. Mas ao mesmo tempo ele deve tratar seu corpo como se ele ainda tivesse uma longa vida pela frente. Porque, ele disse, o primeiro o ajudará a afastar tudo o que tem a ver com a *akedia* e se tornará cada vez mais zeloso em sua vida monástica, que, no entanto, dará ao seu corpo a saúde necessária para uma vida ascética" (PONTICUS, 1986: 29). O pensamento da morte leva o monge a viver no agora, e assim ele supera a *akedia*. E o pensamento de que ele viverá por muito tempo o levará a cuidar de si mesmo, a lidar bem consigo mesmo.

E um terceiro método que Evágrio recomenda para superar a *akedia* é este: "Se a *akedia* nos tenta, é bom para as lágrimas, por assim dizer, dividirem nossa alma em duas partes: uma parte que transmite coragem, e uma parte na qual a coragem é feita. Nós semeamos sementes de esperança inabalável em nós enquanto cantamos com o Rei Davi: 'Por que você está triste e minha alma tão perturbada em mim? Perdoe-me, pois eu ainda lhe agradecerei, meu Deus e Salvador, a quem eu olho'" (PONTICUS, 1986: 27).

É o chamado método antirrético que Evágrio recomenda aqui: atitudes negativas também se manifestam em nós em palavras negativas. E então temos que colocar uma palavra da Bíblia contra essas palavras negativas. Esta palavra bíblica não se destina simplesmente a banir a palavra negativa, mas, como diz Evágrio, semear a semente da esperança em nosso estado de espírito sem esperança. Interessante é o conselho de dividir a alma, por assim dizer, em duas partes: uma parte, dominada pela *akedia*. Esta parte pode expressar-se nas palavras: "Por que você está triste e minha alma tão inquieta em mim?" Então a parte doente da alma não é suprimida. Ela tem permissão para falar.

Mas nessa área doente da alma é dita uma palavra de esperança, que é plantada como semente, para que o fruto se levante e a parte doente da alma seja lentamente transformada e curada.

Tradicionalmente, *akedia* é traduzida como preguiça. A palavra alemã *träge* (lento) tem raízes diferentes. Pode significar relutante e lento. Mas também está relacionada à tristeza e a se tornar fraco, miserável, amedrontado, aterrorizado. Há pessoas que são preguiçosas, não têm paixão, não conseguem fazer nada, não têm motivação interna para fazer nada. Mesmo no trabalho, são lentas e apáticas. Muitas vezes essa lentidão está associada a uma resistência interna: a pessoa se defende do trabalho. Uma vivencia o trabalho como imposição, outra gostaria de ficar sentada preguiçosamente e de não fazer nada; mas não se pode gostar de não fazer nada. Isso está intimamente relacionado ao sentimento de tristeza e paralisia, fazendo a pessoa se sentir fraca e miserável.

Evágrio frequentemente vê exigências imaturas da vida como a razão para essas atitudes: Porque a vida não satisfaz meus desejos, porque não me fez um príncipe ou uma princesa, recuso-me a viver esta minha vida. Eu prefiro ficar em minhas ilusões do que me render à realidade e me envolver neste momento.

Nesse sentido, os artistas retratam a letargia como um monge adormecido, para quem a oração é entediante, que não pode ser tocado por Deus; como a fiandeira adormecida que se recusa a trabalhar; como o aluno sonolento afligido por sonhos obscenos nos quais são expostas suas ilusões de uma vida pecaminosa que não tem consequências. Ele diz que em sua preguiça ele pode escapar da realidade e inventar algo que satisfaça seus desejos infantis sem ter que suportar as consequências.

Bento de Núrsia se refere à *akedia* como resmungo, advertindo reiteradamente contra tal vício: "Em primeiro lugar, nunca deixe surgir o vício de resmungar, em nenhuma palavra ou sugestão, qualquer que seja o momento. Se alguém for pego fazendo isso, será punido mais severamente" (*RB*, 34, 6-7). Em resmun-

149

gos, o monge se fecha para Deus. Ele se rebela contra Deus e mostra sua antipatia diante da vida; vive apenas em suas ilusões. E para tudo o que perturba a ilusão, ele resmunga e se defende, mostrando que não está pronto para se envolver na vida com suas adversidades. A preguiça como resmungo significa, portanto, uma profunda aversão à vida.

A questão é como transformar e curar essa inércia. Evágrio descreveu maneiras de superar a *akedia*, mas não sobre a inércia, que é frequentemente observada na atualidade. Então, falarei a partir de minha própria experiência. Acima de tudo, fico incomodado quando uma pessoa não tem interesse por nada, apenas fica instalada em sua preguiça. Quando lhe pergunto sobre o que espera da vida, ouço como resposta: Não desejo nada. Tenho até dificuldade de imaginar isso. Então o que me resta fazer é tentar entendê-la.

Certa vez uma mulher me contou que seu pai foi assassinado em 1945 por soldados russos porque era criado em Göbbels. Na época ela tinha 4 anos e sua mãe precisou trabalhar fora de casa. Sistematicamente ela esperava, junto com seu irmão de 2 anos, sob a luz da rua, sua volta para casa, pois não tinham condições para pagar a luz de seu apartamento. Essa situação de penúria fez cessar todas as suas emoções; ela teve de reprimir tudo porque teria sido muito doloroso aguentar o sentimento de medo e solidão. Em última análise, foi uma dor muito grande que a separou da experiência real, impedindo-a de desfrutar da vida.

É importante rever a dor, sentir o medo de ficar só. Quando esses sentimentos dolorosos crescem também aumenta a capacidade de absorver bons sentimentos, como os de gratidão e de admiração, e assim a pessoa lentamente volta a fazer o que é bom para ela. Porém, muitas vezes essas pessoas precisam de um longo caminho para chegarem a essa conquista. Portanto, em hipótese alguma podemos fazer juízos moralizantes sobre a situação. Por exemplo: "Esta mulher é preguiçosa". "Ela não quer trabalhar." "A falta de vontade de trabalhar sempre tem um motivo." Primeiramente é necessário procurar a motivação para que o sintoma possa ser curado.

A recusa também contém energia. Portanto, é bom falar sobre a energia que a pessoa traz para lutar contra a vida. Asim, posso lhe perguntar como seria se ela transformasse essa energia em uma energia positiva. Talvez isso a desperte.

A inércia também pode ser uma forma de resistência ao trabalho constante, à ação ininterrupta, e faz bem a pessoa desfrutar momentos de descanso. Ela, por exemplo, deita-se numa cama e diz para si mesma: Agora não preciso fazer nada. Se a pessoa se permite essa liberdade, recuperará sua vontade de desempenhar suas atividades. Mas a permissão para o descanso, para não fazer nada, precisa de um limite a ser estabelecido.

Bernd Deininger disse que o lazer era importante não somente para a filosofia grega, mas também para o monasticismo. Nesse sentido, Bento quis criar a "escola para o serviço do Senhor" (*RB*, Prólogo, 45). – A palavra latina *scola* vem da palavra grega *schole*, que na verdade significa lazer; esta palavra contém *echein*, pausa. Portanto, a escola do monasticismo é a pausa que os monges fazem para encontrarem o caminho interior. Este é o sentido do verdadeiro lazer: fazer uma pausa, parar as engrenagens da vida cotidiana para descobrir dentro de si o que sustenta a vida.

Conclusão

Neste livro examinamos os sete pecados capitais de dois ângulos diferentes: o psicanalítico e o espiritual. Ao fazê-lo percebemos que a visão espiritual e a psicanalítica se complementam. As descrições dos pecados capitais – ou melhor, as ameaças básicas ao ser humano – fertilizam-se mutuamente. E as maneiras pelas quais lidamos com os perigos de nossa humanidade e como as características mórbidas que estão nos pecados capitais podem ser tratadas e transformadas, curadas e guiadas de maneira positiva, pois são semelhantes.

Ao escrevermos este livro, foi particularmente importante o fato de que todas as abordagens envolvem problemas atualíssimos e afetam cada um de nós e a sociedade como um todo. Nesse aspecto, nosso livro deve ser um espelho no qual o leitor possa se reconhecer. Ao mesmo tempo, foi importante para nós não jogarmos os caminhos psicológicos e espirituais um contra o outro, mas colocá-los lado a lado. Há pessoas que precisam de terapia para lidar adequadamente com as ameaças e se livrar de forças destrutivas que estão dentro delas. Para muitos, não basta apenas lidar com essas ameaças do ponto de vista espiritual. Há casos em que o caminho puramente espiritual pode ser uma evasão da verdade interior; eles não querem encontrar a própria verdade. Também é preciso levar em consideração aqueles que pensam: Não posso fazer nada sozinho; estou prejudicado pelos ferimentos do passado; apenas um médico ou terapeuta pode curar isso. O caminho espiritual, por sua vez, mostra que todos também têm partes saudáveis e que ninguém é desamparado e totalmente exposto às suas ameaças. A própria pessoa pode contribuir com algo que produza frutos, e a espiritualidade nos mostra formas e rituais concretos que nos permitem iniciar um processo de mudança. A espiritualidade também nos aponta para Deus: não precisamos fazer tudo sozinhos; Deus trabalha em nós; seu Espírito nos permeia e nos fortalece; o perdão de Deus nos liberta do mecanismo de nos culparmos quando percebemos pensamentos e emoções negativos em nós; a graça de Deus nos coloca em contato com os poderes de cura de nossa alma; a bênção de Deus acompanha nosso processo de cura e nos dá esperança de salvação e cura.

Desejamos aos/às leitores/as que se encontrem em nossas observações, que descubram dentro de si os perigos que uma longa tradição espiritual reconheceu como os riscos básicos do ser humano. Igualmente desejamos que experimentem as realizações psicanalíticas e espirituais como auxiliares em seu caminho. Especialmente os estudos de caso e os exemplos pastorais deixam claro que as ameaças afetam todos nós e que particularmente precisamos lidar com elas. Ao mesmo tempo, quisemos transmitir a esperança de que vale a pena lidar consigo mesmo e com a própria verdade, pois aqueles que têm a coragem de enfrentar sua própria verdade experimentarão a verdadeira liberdade; aprenderão o que Jesus disse aos discípulos: "Conhecereis a verdade, e a verdade vos libertará" (Jo 8,32).

Anselm Grün
Bernd Deininger

Bibliografia citada
e não citada

ABRAHAM, K. *Gesammelte Schriften.* Vol. 2. Frankfurt am Main, 1982.

ASSAGIOLI, R. *Psychosynthese und transpersonale Entwicklung.* Paderborn, 1992.

BARZ, H. *Psychopathologie und ihre psychologischen Grundlagen.* Berna, 1976.

BLOCH, E. *Spuren.* Frankfurt am Main, 1959.

DEININGER, B. *Wie die Kirche ihre Macht missbraucht.* Frankfurt am Main, 2014.

DEUTSCH, H. *Das Selbst und die Welt der Objekte.* Frankfurt am Main, 1973.

Die Regel des heiligen Benedikt – Herausgegeben im Auftrag der Salzburger Äbtekonferenz. Beuron, 1990 [A regra de São Bento, citada em toda a obra como *RB*].

Die sieben Todsünden – Sonderausstellung im Diözesanmuseum St. Afra in Augsburg, hg. v. Melanie Thierbach. Petersberg, 2016.

"Die sieben Todsünden: 1700 Jahre Kulturgeschichte zwischen Tugend und Laster". In: *Katalog zur Sonderausstellung der Stiftung Kloster Dalheim*. Münster, 2015.

Einheitsübersetzung der Heiligen Schrift. Stuttgart: Katholische Bibelanstalt GmbH, 1980.

FONAGY, P. "Persönlichkeitsstörungen und Gewalt – Ein psychoanalytisch-bindungstheoretischer Ansatz". In: KERNWERK, O.F. (org.). *Narzissmus*: Grundlagen - Störungsbilder – Therapie. Stuttgart, 2005.

FREUD, S. "Zur Einführung des Narzissmus". In: *Gesammelte Werke*, 10, 1914.

_____. *Gesammelte Werke*. Frankfurt am Main, 1977 [citada em toda a obra como *GW*].

FROMM, E. *Gesammelte Ausgabe*. Vol. 2. Stuttgart, 1980.

_____. *Gesammelte Ausgabe*. Vol. 8. Stuttgart, 1980.

GEHLEN, A. "Das gestörte Zeitbewusstsein". In: *Merkur* IV, 1963, p. 313.

GLATZEL, J. *Melancholie und Wahnsinn*. Darmstadt, 1990.

GRÜN, A. *Wege der Verwandlung*: Emotionen als Kraftquelle entdecken und seelische Verletzungen heilen. Friburgo im Breisgau, 2016.

_____. *Gier* – Auswege aus dem Streben nach immer mehr. Münsterschwarzach, 2015.

HARTMANN, H. *Ich-Psychologie und Anpassungsproblem*. Stuttgart, 1975.

JUNG, C.G. *Gesammelte Werke*. Zurique/Stuttgart, 1997 [citada em toda a obra como *GW*].

_____. *Gesammelte Werke*. Vol. 8. Zurique, 1967.

KERNWERK, O.F. "Sexuelle Erregung und Wut, Bausteine der Triebe". In: *Forum der Psychoanalyse*, 13, 1997.

KUTTER, P. *Liebe - Hass - Neid - Eifersucht*: Eine Psychoanalyse der Leidenschaften. Göttingen/Zurique, 1994.

LAHAM, S.M. *Der Sinn der Sünde* – Die Sieben Todsünden und warum sie gut für uns sind. Darmstadt, 2013.

MAGUIRE, A. *Die dunklen Begleiter der Seele* – Die sieben Todsünden psychologisch betrachtet. Olten/Zurique, 1996.

MARTENS, E. *Stechfliege Sokrates* – Warum gute Philosophie wehtun muss. Munique, 2015.

MERTENS, W. & WALDVOGEL, B. *Handbuch psychoanalytischer Grundbegriffe*. Stuttgart, 2008.

PONTICUS, E. *Praktikos* – Über das Gebet. Münsterschwarzach, 1986 [Tradução, introdução e comentários de J.E. Bamberger] [Há uma edição mais recente, mas sem a introdução e os comentários de J.E. Bamberger: PONTIKOS, E. *Der Praktikos* – Hundert Kapitel über das geistliche Leben. Beuron, 2008 [Cem capítulos sobre a vida espiritual, introduzidos e comentados por Gabriel Bunge] [Instruções dos Pais, vol. 6]].

RUSSELL, B. *Lob des Müssiggangs, Philosophische und Politische Aufsätze*. Stuttgart, 1977 [org. de U. Steinforth].

SACHSSE, U. "Die Psychodynamik der Borderlinepersönlichkeitsstörung als Traumafolge". In: *Forum Psychoanal*, 11(1), 195, p. 50-61.

SCHULZE, G. *Die Sünde* – Das schöne Leben und seine Feinde. Frankfurt am Main, 2008.

WINDELBAND, W. *Geschichte der Philosophie*. Tübingen, 1921.

WURMSER, L. *Scham und der böse Blick* – Verstehen der negativen therapeutischen Reaktion. Stuttgart 2011.

CULTURAL

Administração
Antropologia
Biografias
Comunicação
Dinâmicas e Jogos
Ecologia e Meio Ambiente
Educação e Pedagogia
Filosofia
História
Letras e Literatura
Obras de referência
Política
Psicologia
Saúde e Nutrição
Serviço Social e Trabalho
Sociologia

CATEQUÉTICO PASTORAL

Catequese
  Geral
  Crisma
  Primeira Eucaristia

Pastoral
  Geral
  Sacramental
  Familiar
  Social
  Ensino Religioso Escolar

TEOLÓGICO ESPIRITUAL

Biografias
Devocionários
Espiritualidade e Mística
Espiritualidade Mariana
Franciscanismo
Autoconhecimento
Liturgia
Obras de referência
Sagrada Escritura e Livros Apócrifos

Teologia
  Bíblica
  Histórica
  Prática
  Sistemática

REVISTAS

Concilium
Estudos Bíblicos
Grande Sinal
REB (Revista Eclesiástica Brasileira)

VOZES NOBILIS

Uma linha editorial especial, com importantes autores, alto valor agregado e qualidade superior.

VOZES DE BOLSO

Obras clássicas de Ciências Humanas em formato de bolso.

PRODUTOS SAZONAIS

Folhinha do Sagrado Coração de Jesus
Calendário de mesa do Sagrado Coração de Jesus
Agenda do Sagrado Coração de Jesus
Almanaque Santo Antônio
Agendinha
Diário Vozes
Meditações para o dia a dia
Encontro diário com Deus
Guia Litúrgico

CADASTRE-SE
www.vozes.com.br

EDITORA VOZES LTDA.
Rua Frei Luís, 100 – Centro – Cep 25689-900 – Petrópolis, RJ
Tel.: (24) 2233-9000 – Fax: (24) 2231-4676 – E-mail: vendas@vozes.com.br

UNIDADES NO BRASIL: Belo Horizonte, MG – Brasília, DF – Campinas, SP – Cuiabá, MT
Curitiba, PR – Fortaleza, CE – Goiânia, GO – Juiz de Fora, MG
Manaus, AM – Petrópolis, RJ – Porto Alegre, RS – Recife, PE – Rio de Janeiro, RJ
Salvador, BA – São Paulo, SP